John Jaques

Der Katechismus für Kinder

John Jaques

Der Katechismus für Kinder

ISBN/EAN: 9783743460386

Hergestellt in Europa, USA, Kanada, Australien, Japan

Cover: Foto ©ninafisch / pixelio.de

Weitere Bücher finden Sie auf **www.hansebooks.com**

Der

Katechismus für Kinder

oder eine

Darstellung der hervorragendsten Lehren

der

Kirche Jesu Christi der Heiligen der letzten Tage.

Von dem Aeltesten John Jaques.

„Und wiederum, insofern als Eltern Kinder in Zion haben oder in irgend einem der organisirten Pfähle Zions, welche sie nicht belehren, die Lehren der Buße, Glauben in Christum, den Sohn des lebendigen Gottes, und die Taufe und Gabe des heiligen Geistes durch das Auflegen der Hände zu verstehen, wenn sie acht Jahre alt sind, so soll die Sünde auf den Häuptern der Eltern ruhen; denn dies soll ein Gesetz für die Einwohner in Zion sein, oder in irgend einem seiner Pfähle, welche organisirt sind... Auch sollen sie ihre Kinder lehren zu beten und gerecht vor dem Herrn zu wandeln." Lehre und Bündnisse 22, 4.

Aus dem Englischen übersetzt von Johannes Huber. 1872.

Herausgegeben von J. J. Schärrer.

Bern. - 1892.

Bemerkungen.

« The Doctrine and Covenants » oder das Buch der Lehre und Bündnisse enthält die Offenbarungen Gottes an Joseph Smith und ist dasselbe von der Kirche Jesu Christi der Heiligen der letzten Tage als Gottes Wort anerkannt.

« The Pearl of Great Price » oder die „Köstliche Perle" enthält die Offenbarungen Gottes an Adam, Enoch, Abraham und andere der heiligen Männer in alten Zeiten; diese heilige Urkunde kam durch die Führung Gottes in die Hände Joseph Smiths, welcher dieselbe übersetzte, ähnlich wie das Buch Mormon, und ist also authentisch.

« The Times and Seasons » war das Organ der Kirche in Nauvoo, unter der Aufsicht des Propheten Joseph Smith herausgegeben, und steht in Autorität den übrigen Werken der Kirche gleich.

« The Millenial Star » oder der tausendjährige Stern ist das Organ der Kirche in Europa, redigirt unter der Aufsicht eines der zwölf Apostel, mit der vollen Genehmigung der Kirche in Zion.

« The Juvenile Instructor » wird unter der Leitung der Kirche in Zion redigirt.

Vorwort zur dritten Auflage.

Wir sehen uns veranlaßt, eine neue Auflage dieser von der Präsidentschaft der Kirche der Heiligen der letzten Tage autorisirte Schrift drucken zu lassen. Da seit der Herausgabe der ersten Auflage im Jahre 1872, die „Köstliche Perle" von J. J. Walser in's Deutsche übersetzt wurde, so geben wir nun bei Anführungen von Stellen die Seitenzahl der deutschen Ausgabe, anstatt den bisherigen aus dem englischen Werke.

Wir empfehlen diesen Katechismus den nach Wahrheit suchenden Lesern als ein kurzes, wesentliches Hülfsmittel zu einer richtigen und klaren Erkenntniß der Grundsätze der Kirche Jesu Christi der Heiligen der letzten Tage; dasselbe ist auch ganz besonders geeignet zur Belehrung der Kinder. Möge diese kleine Schrift ihren Zweck erfüllen und der Segen Gottes dieses Werk begleiten.

Bern (Postgasse 36), 1892.

Der Herausgeber.

Inhaltsverzeichniß.

Seite.

Erstes Kapitel — Name — Geburt — Taufe — Konfirmation — Pflichten gegen Gott, Eltern und Mitmenschen. . . . 1
Zweites Kapitel — Ueber die Erkenntniß Gottes 3
Drittes Kapitel — Die Offenbarungen Gottes an die Menschen . 4
Viertes Kapitel — Mehrheit der Götter 8
Fünftes Kapitel — Person, Charakter und Eigenschaften Gottes . 10
Sechstes Kapitel — Verwandtschaft zwischen Gott und den Menschen — Präexistenz (Vorexistenz) der Geister — Erziehung, Entwicklung und Vervollkommnung intelligenter Wesen . . . 13
Siebentes Kapitel — Berathung im Himmel — Luzifers Rebellion — Erschaffung oder Organisation der Erde . . . 15
Achtes Kapitel — Der Fall 21
Neuntes Kapitel — Die Erlösung von dem Falle . 25
Zehntes Kapitel — Glaube — Buße 27
Elftes Kapitel — Taufe 29
Zwölftes Kapitel — Der heilige Geist 33
Dreizehntes Kapitel — Das Sakrament oder das Abendmahl des Herrn 38
Vierzehntes Kapitel — Die Kirche Christi 42
Fünfzehntes Kapitel — Die zehn Gebote 45
Sechszehntes Kapitel — Wort der Weisheit 50
Siebenzehntes Kapitel — Priesterthum — Organisation der Kirche 54
Achtzehntes Kapitel — Dispensation der Fülle der Zeiten . . . 65

Katechismus für Kinder.

Erstes Kapitel.

Name — Geburt — Taufe — Konfirmation — Pflichten gegen Gott, Eltern und Mitmenschen.

(Die Fragen und Antworten Nr. 2, 5, 6, 7, 9, 10, 11, 12 und 13 mögen nur nach Umständen ihre Anwendung finden.)

1. Frage. Was ist dein Name?
Antwort. — —.
2. Fr. Wer gab dir diesen Namen?
Ant. Mein Vater und meine Mutter, und wurde derselbe von den Aeltesten der Kirche, da sie mich segneten, bestätigt.
3. Fr. An welchem Tage, welchen Monats und Jahres wurdest du geboren?
Ant. Am . . . Tage des Monats . . . im Jahre . . .
4. Fr. Wie heißt das Dorf oder die Stadt, der Kanton oder Bezirk und das Land, wo du geboren wurdest?
Ant. Ich wurde geboren in . . . . . .
5. Fr. An welchem Tage, welchen Monats und in welchem Jahre wurdest du gesegnet?
Ant. Am . . . . . .
6. Fr. In welcher Gemeinde und Konferenz der Kirche wurdest du gesegnet?
Ant. In der Gemeinde . . . . . , Konferenz . . . .

7. Fr. Wer segnete dich?
Ant. Aeltester . . . . .
8. Fr. Bist du getauft?
Ant. . . .
9. Fr. Wann wurdest du getauft?
Ant. Am . . . Tage des Monats . . . , im Jahre . . .
10. Fr. Wer taufte dich?
Ant. Aeltester (oder Priester) . . . .
11. Fr. In welcher Gemeinde und Konferenz der Kirche wurdest du getauft?
Ant. In der Gemeinde . . . , Konferenz . . . .
12. Fr. Wann wurdest du als ein Mitglied der Kirche durch das Auflegen der Hände zur Gabe des heiligen Geistes konfirmirt?
Ant. Am . . . . Tage des Monats . . . im Jahre . . .
13. Fr. Wer konfirmirte dich?
Ant. Aeltester . . . . .
14. Fr. Welches sind die Pflichten, die du zu erfüllen hast?
Ant. Meine Pflichten gegen Gott, meine Eltern und alle meine Mitmenschen.
15. Fr. Worin bestehen deine Pflichten gegen Gott?
Ant. Darin, daß ich Ihn lieben und alle Seine Gebote halten soll.
16. Fr. Warum sollst du Gott lieben und Seine Gebote halten?
Ant. Weil ich Seiner Kraft und Güte mein Dasein verdanke und täglich von Seinen Gaben genießen darf.
17. Fr. Welches sind die Pflichten gegen deine Eltern?
Ant. Sie zu lieben und ihnen gehorsam zu sein.
18. Fr. Warum sollst du deine Eltern lieben und ihnen gehorsam sein?
Ant. Weil es ein Gebot Gottes ist und ich durch Vermittlung meiner Eltern meine irdische Existenz erhielt; sie versorgten und nährten mich, da ich noch ein kleines Kindlein war und haben noch nicht aufgehört, mich innig zu lieben, mir mein tägliches Brod, meine Kleider und mein Obdach zu geben; sie pflegten mich in den Tagen der Krankheit, sie unterrichteten mich in den Tagen

der Gesundheit, sie leiteten mich an zu Reinlichkeit, Ordnung, Fleiß und Erkenntniß, damit, wenn ich erwachsen sein werde, ich möge fähig sein, etwas Nützliches zu schaffen.

19. Fr. Was ist den Kindern verheißen, die ihren Eltern gehorsam sind?

Ant. Ein langes Leben unter den beständigen Begünstigungen und Segnungen Gottes, und ewiges Leben und Seligkeit in der zukünftigen Welt.

20. Fr. Was ist die Strafe des Ungehorsams der Kinder gegen die Eltern?

Ant. Ein kurzes Leben unter dem beständigen Mißfallen und dem Fluche Gottes, Elend und Trübsal in der zukünftigen Welt.

21. Fr. Was sind deine Pflichten gegen alle deine Mitmenschen?

Ant. Sie zu lieben und mit Güte und Achtung ihnen entgegen zu kommen.

22. Fr. Warum ist es deine Pflicht, liebend, gütig und achtungsvoll gegen deine Mitmenschen zu sein?

Ant. Weil Gott es geboten hat; ferner, weil alle Menschen glücklich zu sein wünschen, und, es sei denn, daß sie sich lieben und mit aller Güte, Nachsicht und Achtung einander entgegenkommen, sie nicht glücklich sein können. Deshalb sollten auch alle Menschen liebend und gütig sein, um das Leben so angenehm als möglich zu machen.

Zweites Kapitel.

Ueber die Erkenntniß Gottes.

1. Fr. Wie kannst du und die Menschheit im Allgemeinen finden, daß ein Gott sei?

Ant. Auf drei Wege. Erstens — durch Tradition; zweitens — durch die Vernunft; drittens — durch Offenbarung.

2. Fr. Wie lernt die Menschheit durch Tradition, daß ein Gott sei?

Ant. Die Eltern sagen ihren Kindern, daß ein Gott sei; die Kinder übertragen dasselbe wieder an ihre Kinder, so daß sich diese Sage von einem Dasein eines Gottes für Jahrtausende erhalten hat. Auf diese Weise lernt man durch Tradition, daß ein Gott sei.

3. Fr. Wie lernen die Menschen durch Vernunft, daß ein Gott sei?

Ant. Sie bemerken, wenn sie um sich schauen, daß am Tage die Sonne scheint, nicht aber bei der Nacht; sie sehen und fühlen die langen Tage und das heiße Wetter des Sommers und die kurzen Tage und das kalte Wetter des Winters zu regelmäßiger Zeit; sie sehen den Regen fallen und das Reifen der Früchte und das herrliche Grün der Natur in ihren bestimmten Jahreszeiten erscheinen; und da alle diese Erscheinungen weder aufgehalten noch verändert werden können durch Menschen, schließen sie daraus, daß ein gewaltigeres und höheres Wesen, welches alle Dinge leitet und regirt, vorhanden sein müsse. Auf diese Weise lernen die Menschen durch die Vernunft, daß ein Gott sei.

4. Frage. Wie lernen die Menschen durch Offenbarung, daß ein Gott sei?

Ant. Gott selbst offenbaret sich den Menschen oder Er sendet ihnen Seine Engel, welche größere Gewalt, Erkenntniß und Herrlichkeit besitzen, als die Menschen; oder Er spricht zu ihnen mit Seiner eigenen Stimme vom Himmel herab; oder Er gibt ihnen Träume und Gesichte. Auf diese Weise lernen die Menschen durch Offenbarung, daß ein Gott sei.

5. Fr. Welches ist der richtigste Weg, den Menschen das Dasein eines Gottes zu bestätigen?

Ant. Die Offenbarung. Tradition und Vernunft geben nur ungewisse, unbefriedigende Ideen von Gott, Seinem Charakter und Seinen Eigenschaften. Durch Offenbarung allein kann eine bestimmte und befriedigende Erkenntniß Gottes erhalten werden.

Drittes Kapitel.
Die Offenbarungen Gottes an die Menschen.

1. Fr. Gab Gott den Menschen viele Offenbarungen?
Ant. Ja, sehr viele.

2. Fr. Wo finden wir eine Geschichte derselben?

Ant. In der Bibel, dem Buche Mormon, dem Buche der Lehren und Bündnisse und auch in anderen Schriften, die von der Kirche Jesu Christi der Heiligen der letzten Tage herausgegeben wurden.

3. Fr. Nenne eine der Offenbarungen des alten Testaments?

Ant. Der Herr offenbarte sich dem Abraham und sprach mit ihm, wie ein Mann mit dem andern spricht. 1. Buch Mose, Kap. 18, 1—5.

„Und der Herr erschien ihm im Hain Mamre, da er saß an der Thür seiner Hütte, da der Tag am heißesten war. Und als er seine Augen aufhob, und sahe, siehe, da standen drei Männer gegen ihm. Und da er sie sahe, lief er ihnen entgegen, von der Thür seiner Hütte, und bückte sich nieder auf die Erde und sprach: „Herr, habe ich Gnade gefunden vor deinen Augen, so gehe nicht vor deinem Knechte über. Man soll euch ein wenig Wasser bringen und eure Füße waschen; und lehnet euch unter den Baum. Und ich will euch einen Bissen Brod bringen, daß ihr euer Herz labet; darnach sollt ihr wieder fortgehen. Denn darum seid ihr zu eurem Knechte gekommen." Sie sprachen: „Thue, wie du gesagt hast."

4. Fr. Hat Gott in den Zeiten des alten Testamentes auch je mehreren Personen zur gleichen Zeit sich geoffenbaret?

Ant. Ja. Gott offenbarte sich dem Moses und vielen Aeltesten in Israel. 2. Mose 24, 9—10.

„Da stiegen Mose und Aaron, Nadab und Abihu und die siebenzig Aeltesten Israels hinauf; und sahen den Gott Israels."

5. Fr. Kannst du dich anderer Offenbarungen, von denen das alte Testament spricht, erinnern?

Ant. Ja. Der Herr offenbarte sich dem Jesaia. Jes. 6, 1—5.

„Des Jahres, da der König Usia starb, sahe ich den Herrn sitzen auf einem hohen und erhabenen Stuhl, und sein Saum füllete den Tempel.... Da sprach ich: Wehe mir, ich vergehe, denn ich bin unreiner Lippen; denn ich habe den König, den Herrn Zebaoth gesehen mit meinen Augen."

6. Fr. Berichtet das neue Testament, daß Gott je Engel zu irgendwelchen Personen sandte?

Ant. Ja. Der Herr sandte seinen Engel zu Zacharias, dem Vater Johannes, des Täufers. Lukas 1, 5—11—12.

„Zu der Zeit Herodis, des Königs Judäas, war ein Priester von der Ordnung Abia, mit Namen Zacharias.... Es erschien ihm aber der Engel des Herrn, und stand zur rechten Hand am Räuchaltar. Und als Zacharias ihn sahe, erschrack er, und es kam ihn eine Furcht an."

7. Fr. Wird im neuen Testament auch die Bemerkung gemacht, daß Gott je vor einem Menschen die Himmel öffnete?

Ant. Ja. Gott öffnete die Himmel vor den Augen Stephanus', des Märtyrers. Apostelg. 7, 55.

„Als er aber voll heiligen Geistes war, sahe er auf gen Himmel, und sahe die Herrlichkeit Gottes, und Jesum stehen zur Rechten Gottes, und sprach: Siehe, ich sehe die Himmel offen und des Menschen Sohn zur Rechten Gottes stehen."

8. Fr. War Stephanus der Einzige des neuen Testamentes, vor dem die Himmel offen waren?

Ant. Nein. Auch andern wurden die Himmel geöffnet, wie z. B. Johannes, dem Offenbarer, während er auf der Insel Patmos war. Off. 20, 11—12.

„Und ich sahe einen großen weißen Stuhl, und den, der darauf saß, vor welches Angesicht flohe die Erde und der Himmel, und ihnen ward keine Stätte erfunden. Und ich sahe die Todten, beide, groß und klein, stehen vor Gott."

9. Fr. Enthält das Buch Mormon einen Bericht, daß Gott sich den Menschen offenbarte?

Ant. Ja. Der Herr zeigte sich Jared's Bruder. Buch Ether, Kap. 1, 15.

„.... Und der Herr sagte zu ihm: Glaubst du die Worte, welche ich reden werde? Und er antwortete: Ja, o Herr, ich weiß, daß du die Wahrheit redest, denn du bist ein Gott der Wahrheit, und kannst nicht lügen. Und als er diese Worte geredet hatte, siehe, da zeigte der Herr sich ihm und sagte: Weil du dieses weißt, bist du vom Falle erlöst, daher wirst du vor mein Angesicht zurückgebracht; deshalb zeige ich mich dir."

10. Fr. Berichtet uns das Buch Mormon nicht auch, daß Gott sich nebst dem Bruder Jared's auch andern offenbarte?

Ant. Ja. Gott offenbarte sich dem Lehi. 1. Buch Nephi 1, 4—5.

„Und als er nach Jerusalem in sein Haus zurückkehrte, warf er sich auf sein Bett, weil er vom Geiste und den Dingen überwältigt war, die er gesehen hatte, und im Geiste ward er hinweggeführt, und hatte ein Gesicht, so daß er die Himmel offen sah, und meinte Gott auf seinem Throne sitzen zu sehen, umringt von zahllosen Schaaren Engel in einer Stellung, als ob sie ihrem Gott Lob- und Danklieder sängen. Er sah ein Wesen aus der Mitte des Himmels herniedersteigen, und gewahrte, daß sein Glanz heller war, als die Sonne am Mittage; er sah auch, daß zwölf andere ihm folgten, und ihr Glanz übertraf den der Sterne am Firmament, und sie kamen hernieder und verbreiteten sich über die Erde; und der Erste kam, stellte sich vor meinen Vater, gab ihm ein Buch und gebot ihm, es zu lesen."

11. Fr. Ist es im Buche Mormon geschrieben, daß Gott sich mehreren Personen auf einmal offenbarte?

Ant. Ja. Gott offenbarte Jesum Christum einer großen Zahl der Nephiten. 3. Nephi 5, 3—4.

„Als sie diese Worte verstanden hatten, erhoben sie wieder ihre Augen gen Himmel und sahen einen Mann vom Himmel herniedersteigen, der war in ein weißes Kleid gekleidet, und er kam hernieder und stand mitten unter ihnen, und die Augen der ganzen Volksmenge waren auf ihn gerichtet, und sie wagten nicht, den Mund aufzuthun, Einer gegen den Andern, und wußten nicht, was es bedeutete, denn sie glaubten, daß ihnen ein Engel erschienen wäre. Und es begab sich, daß er seine Hand ausstreckte und zu dem Volke sagte: Seht, Ich bin Jesus Christus, von dem die Propheten bezeugten, daß er in die Welt kommen würde."

12. Fr. Finden wir in den Schriften der Heiligen der letzten Tage einen weiteren Bericht, daß Gott sich in unseren Tagen noch Jemandem geoffenbaret habe?

Ant. Ja. Der Herr selbst und Sein Sohn Jesus Christus offenbarten sich dem Joseph Smith. History of Joseph Smith, Times and Seasons, vol. 3, pag. 748; Supp. to Mill. Star, vol. 14, pag. 2. Juvenile Instructor, vol. 1, pag. 1.

„Gerade über meinem Haupte sah ich eine Lichtsäule, deren Herrlichkeit die der Sonne übertraf; dieselbe ließ sich langsam nieder, bis sie auf mir ruhte. Sobald sie erschien, ward ich augenblicklich von dem Feinde, der mich zuvor gebunden hielt, befreit. Während das Licht auf mir ruhte, sah ich zwei Personen, deren Glanz und Herrlichkeit zu beschreiben unmöglich ist, über mir in der Luft stehen. Eine derselben nannte mich bei Namen, und auf die andere Person mit dem Finger zeigend, sprach: „Dieses ist mein geliebter Sohn, höre ihn."

13. Fr. Kannst du irgend eine andere Offenbarung erwähnen, welche in unseren Tagen gegeben wurde?

Ant. Ja. Die Offenbarung Johannes des Täufers an Joseph Smith und Oliver Cowdery. History of Joseph Smith, Times and Seasons, vol. 3, pag. 865; Supp. to Mill. Star, vol. 14, pag. 15.

„Während wir so beschäftigt waren und den Herrn anriefen in unserem Gebete, da kam in einer Lichtwolke ein Bote des Himmels, und da er seine Hände auf uns legte, ordinirte er uns, indem er sprach: Auf euch, meine Mitknechte, in dem Namen des Messias, übertrage ich das Priesterthum Aarons, welches die Schlüssel hält, mit Engeln zu verkehren, das Evangelium zur Buße zu predigen und die Taufe durch Untertauchen zur Vergebung der Sünden zu vollziehen. Und dieses Priesterthum soll nicht mehr von der Erde genommen werden, bis die Söhne Levi's dem Herrn wieder ein Opfer bringen werden in Gerechtigkeit."

„... Der Bote, welcher bei dieser Gelegenheit uns besuchte und dieses Priesterthum uns gab, sagte, sein Name sei Johannes, derselbe Johannes der Täufer, von dem das neue Testament spricht."

14. Fr. Sind dieses alles Offenbarungen, welche in unseren Tagen gegeben und in den Schriften der Heiligen der letzten Tage aufgezeichnet wurden?
Ant. Nein. Es sind in gegenwärtigen Tagen viele Offenbarungen gegeben worden, von denen manche in dem Buche der Lehre und Bündnisse beschrieben sind. In einer derselben heißt es, daß Gott vor Joseph Smith und Sidney Rigdon die Himmel geöffnet habe. Lehre und Bündnisse 92, 3.

„Der Herr berührte die Augen unseres Verstandes und sie waren geöffnet, und die Herrlichkeit des Herrn schien um uns, und wir sahen die Herrlichkeit des Sohnes zur rechten Hand des Vaters und empfingen von seiner Fülle; und wir sahen die Engel und Jene, welche geheiligt waren, vor seinem Throne, wie sie Gott und dem Lamme dienten, und thun solches für immer und ewiglich. Und zu den vielen Zeugnissen, welche von ihm gegeben wurden, geben wir das letzte von allen, nämlich, daß er lebe, denn wir sahen ihn zur rechten Hand Gottes und wir hörten die Stimme, welche bezeugte, daß er der Eingeborne des Vaters sei."

Viertes Kapitel.
Mehrheit der Götter.

1. Fr. Sind viele Götter?
Ant. Ja, viele. 1. Kor. 8, 5.
„Und wiewohl es sind, die Götter genannt werden, es sei im Himmel oder auf Erden, sintemal es sind viele Götter und viele Herren."
2. Fr. Sollen wir mehr als einem Gott dienen?
Ant. Nein. Für uns ist nur ein Gott, der Vater der Menschenkinder und Schöpfer der Erde. 1. Kor. 8, 6. Math. 4, 10.
„So haben wir doch nur einen Gott, den Vater, von welchem alle Dinge sind.
„Du sollst anbeten Gott, deinen Herrn und ihm allein dienen."
3. Fr. Wird Jesus Christus Gott genannt?
Ant. Ja, sehr oft. Joh. 1, 1—14. 1. Tim. 3, 16. Buch Mormon, Mosiah 8, 4.
„Im Anfang war das Wort, und das Wort war bei Gott, und Gott war das Wort. . . . Und das Wort ward Fleisch, und wohnte unter uns, und wir sahen seine Herrlichkeit, eine Herrlichkeit als des eingebornen Sohnes vom Vater, voller Gnade und Wahrheit."
„Und kündlich groß ist das gottselige Geheimniß: Gott ist geoffenbaret im Fleisch."

„Ich möchte, daß ihr einsehet, daß Gott selbst unter die Menschenkinder herabkommen, und sein Volk erlösen wird; und weil er im Fleische wohnet, soll er der Sohn Gottes genannt werden."

4. Fr. Wird der Heilige Geist Gott genannt?

Ant. Er wird Geist Gottes genannt und ist Eins mit Gott. 1. Kor. 2, 11. 1. Joh. 5, 7. Lehre und Bündnisse 5, 1—2.

„Also auch weiß Niemand, was in Gott ist, ohne der Geist Gottes."

„Denn Drei sind, die da zeugen im Himmel: Der Vater, das Wort und der heilige Geist; und diese Drei sind Eins."

„Die Gottheit, . . . wir meinen den Vater, den Sohn und den heiligen Geist . . . diese Drei sind Eins; oder in andern Worten, diese Drei bilden die große, unvergleichliche, regierende und allerhöchste Gewalt über alle Dinge; durch welche alle Dinge erschaffen und gemacht wurden, welche erschaffen und gemacht worden sind; und diese Drei bilden die Gottheit und sind Eins."

5. Fr. Wie kann der Vater, der Sohn und der Heilige Geist Eins sein?

Ant. Sie sind Eins in Charakter und Eigenschaften, aber nicht in Substanz.

6. Fr. Kannst du dieses mit den Schriften beweisen?

Ant. Ja. Jesus betete, daß seine Jünger möchten Eins sein mit ihm, wie er Eins war mit Gott, welches in keinem andern Sinne, als in Charakter und Eigenschaften möglich sein konnte. Joh. 17, 21—22—23. 1. Kor. 12, 12—13.

„Auf daß sie Alle Eins seien, gleichwie du, Vater, in mir, und ich in dir; daß auch sie in uns Eins seien, auf daß die Welt glaube, du habest mich gesandt. Und ich habe ihnen gegeben die Herrlichkeit, die du mir gegeben hast, daß sie Eins seien, gleichwie wir Eins sind: Ich in ihnen und du in mir, auf daß sie vollkommen seien in Eins."

„Denn gleich wie Ein Leib ist, und hat doch viele Glieder; alle Glieder aber Eines Leibes, wiewohl ihrer viele sind, sind sie doch Ein Leib; also auch Christus. Denn wir sind durch Einen Geist, Alle zu Einem Leibe getauft, wir seien Juden oder Griechen, Knechte oder Freie, und sind Alle zu Einem Geist getränkt."

7. Fr. Wer ist das Lamm?

Ant. Jesus Christus. Joh. 1, 29.

„Des andern Tages sieht Johannes Jesum zu sich kommen und spricht: Siehe, das ist Gottes Lamm, welches der Welt Sünde trägt."

8. Fr. Wer ist der Vater von Jesus Christus?

Ant. Gott. Math. 3, 16—17.

„Und da Jesum getauft war, stieg er bald herauf aus dem Wasser. ... Und siehe, eine Stimme vom Himmel herab sprach: Dies ist mein Sohn, an welchem ich Wohlgefallen habe."

Fünftes Kapitel.
Person, Charakter und Eigenschaften Gottes.

1. Fr. Was für ein Wesen ist Gott?
Ant. Er hat die Gestalt der Menschen.
2. Fr. Wie weißt du das?
Ant. Die Schriften beweisen, daß Gott die Menschen nach seinem Ebenbilde schuf. 1. Mose 1, 26—27.

„Und Gott sprach: Lasset uns Menschen machen, ein Bild, das uns gleich sei. . . . Und Gott schuf den Menschen ihm zum Bilde, zum Bilde Gottes schuf er ihn."

3. Fr. Hast du weitere Beweise, daß Gott die Gestalt eines Menschen habe?
Ant. Ja. Jesus Christus hatte die Gestalt eines Menschen und war gleichzeitig das Ebenbild der Person Gottes. Hebräer 1, 3.

„Welcher, sintemal er ist der Glanz seiner Herrlichkeit, und das Ebenbild seines Wesens, und trägt alle Dinge mit seinem kräftigen Wort und hat gemacht die Reinigung unserer Sünden durch sich selbst, hat er sich gesetzt zu der Rechten der Majestät in der Höhe."

4. Fr. Heißt es nicht auch, Gott sei ein Geist?
Ant. Ja. Die Schrift sagt so. Joh. 4, 24.

„Gott ist ein Geist, und die ihn anbeten, müssen ihn im Geist und in der Wahrheit anbeten."

5. Fr. Wie ist es denn möglich, daß Gott die Gestalt eines Menschen habe?
Ant. Der Mensch hat auch einen Geist, bekleidet von seinem Körper, und hat das Wesen Gottes damit seine Aehnlichkeit.

6. Fr. Hat denn Gott einen Körper?
Ant. Ja, gleich dem eines Mannes in Gestalt. 1. Mose 32, 24—28—30. 2. Mose 24, 9—10—11.

„Und (Jakob) blieb allein. Da rang ein Mann mit ihm, bis die Morgenröthe anbrach. . . . Und er sprach: Du sollst nicht mehr Jakob heißen, sondern Israel; denn du hast mit Gott und den Menschen gekämpfet und bist obgelegen. . . . Und Jakob hieß die Stätte Pniel; denn ich habe Gott von Angesicht gesehen, und meine Seele ist genesen."

„Da stiegen Mose und Aaron, Nadab und Abihu und die siebenzig Aeltesten Israels hinauf, und sahen den Gott Israels. Unter seinen Füßen war es wie ein schöner Saphir, und wie die Gestalt des Himmels, wenn es klar ist. Und er ließ seine Hand nicht über dieselben Obersten in Israel. Und da sie Gott geschauet hatten, aßen und tranken sie."

7. Fr. Ist die Person Gottes sehr herrlich?

Ant. Ja, unendlich herrlich. 2. Mose 24, 17. Habakuk 4, 3—4.

„Und das Ansehen der Herrlichkeit des Herrn war wie ein verzehrendes Feuer, auf der Spitze des Berges, vor den Kindern Israels."

„Gott kam vom Mittag, und der Heilige vom Gebirge Paran, Sela. Seines Lobes war der Himmel voll, und Seiner Ehre war die Erde voll. Sein Glanz war wie Licht; Glänze gingen von Seinen Händen."

8. Fr. Ist Gott überall gegenwärtig?

Ant. Ja. Er ist in allen Theilen des Weltalls. Jeremia 23, 23—24. 1. Könige 8, 27.

„Bin ich nicht ein Gott, der nahe ist, spricht der Herr, und nicht ein Gott, der ferne sei? . . . Bin ich es nicht, der Himmel und Erde füllet? spricht der Herr."

„Siehe, der Himmel und aller Himmel Himmel mögen dich nicht versorgen."

9. Fr. Wenn aber Gott eine Person ist, wie kann er denn überall gegenwärtig sein?

Ant. Seine Person kann zu einer und derselben Zeit an nicht mehr als einem Orte sein; hingegen ist er vermittelst des heiligen Geistes überall gegenwärtig. Psalm 139, 7—8.

„Wo soll ich hingehen vor deinem Geist? Und wo soll ich hinfliehen vor deinem Angesicht? Führe ich gen Himmel, so bist du da. Bettete ich mir in die Hölle, siehe, so bist du auch da."

10. Fr. Sieht Gott alle Dinge?

Ant. Ja. Nichts kann vor seinem Blicke verborgen sein. Psalm 33, 13—14. Jeremia 23, 24. Köstliche Perle S. 5.

„Der Herr schauet vom Himmel und siehet aller Menschen Kinder. Von seinem festen Thron siehet er auf Alle, die auf Erden wohnen."

„Meinest du, daß sich Jemand so heimlich verbergen könne, daß ich ihn nicht sehe? spricht der Herr."

„Deshalb kann ich meine Hand ausstrecken und alle Geschöpfe halten, die ich gemacht habe, und meine Augen durchschauen dieselben zugleich."

11. Fr. Kennt Gott alle Dinge in Betreff der Werke seiner Hände?

Ant. Ja. Seinem Wissen kann nichts entgehen. Apostelg. 15, 18. Lehre und Bündnisse 7, 10. Köstliche Perle S. 7.

„Gott sind alle seine Werke bewußt von der Welt her."

„Er erkennt alle Dinge."

„Neben mir ist kein Gott, und vor mir sind alle Dinge gegenwärtig, denn ich kenne sie alle. .... Alle Dinge sind vor mir gezählt, denn sie sind mein und ich kenne sie."

12. Fr. Ist Gott allweise?
Ant. Ja. Seine Weisheit übertrifft alle Begriffe der Menschen. Römer 11, 33. Kol. 2, 3.

„O welch eine Tiefe des Reichthums, beides der Weisheit und der Erkenntniß Gottes! Wie gar unbegreiflich sind seine Gerichte, und unerforschlich seine Wege!"

„In welchem verborgen liegen alle Schätze der Weisheit und der Erkenntniß."

13. Fr. Ist Gott allmächtig?
Ant. Ja. Weit mächtiger, als wir begreifen können. Daniel 2, 20. Jes. 14, 27.

„Gelobt sei der Name Gottes von Ewigkeit zu Ewigkeit, denn sein ist beides, Weisheit und Stärke."

„Denn der Herr Zebaoth hat es beschlossen; wer will es wehren? Und seine Hand ist ausgestreckt; wer will sie wenden?"

14. Fr. Ist Gott ein Wesen der Wahrheit, des Rechts und der Gerechtigkeit?
Ant. Ja, denn er kann weder lügen noch sündigen. Offenb. 15, 3. Psalm 145, 17.

„Gerecht und wahrhaftig sind deine Wege, du König der Heiligen."

„Der Herr ist gerecht in allen seinen Wegen und heilig in allen seinen Werken."

15. Fr. Ist Gott ein barmherziges Wesen?
Ant. Ja. Er ist voll Barmherzigkeit und Erbarmen. Psalm 89, 15. Nehemia 9, 17.

„Gnade und Wahrheit sind vor deinem Angesicht."

„Aber du, mein Gott, vergabest und warest gnädig, barmherzig, geduldig und von großer Barmherzigkeit und verließest sie nicht."

16. Fr. Ist Gott in seinem Charakter veränderlich?
Ant. Nein. Er ist ein unveränderliches Wesen. Maleachi 3, 6. Jakobi 1, 17.

„Denn ich bin der Herr, der nicht lüget."

„Der Vater des Lichts, bei welchem ist keine Veränderung noch Wechsel des Lichts."

17. Fr. Wiederhole den Inhalt deſſen, was du ſoeben in Betreff des Charakters und der Eigenſchaften Gottes geſagt haſt.

Ant. Gott iſt ein glorreiches Weſen in menſchlicher Geſtalt; Er iſt überall gegenwärtig; Er ſieht und kennt alle Dinge; Er iſt voll Weisheit, Kraft, Wahrheit, Recht, Gerechtigkeit und Barmherzigkeit; und Er iſt ein unveränderliches Weſen.

Sechstes Kapitel.
Verwandtſchaft zwiſchen Gott und den Menſchen. Präexiſtenz (Vorexiſtenz) der Geiſter. Erziehung, Entwicklung und Vervollkommnung intelligenter Weſen.

1. Fr. Welche Verwandtſchaft exiſtirt zwiſchen Gott und Menſchen?

Ant. Alle Menſchen ſind Gottes Kinder. Jeſ. 64, 8. Ehpeſ. 4, 6.

„Aber nun, Herr, Du biſt unſer Vater; wir ſind Thon: Du biſt unſer Töpfer; und wir ſind Alle Deiner Hände Werk.“

„Ein Gott und Vater (unſer) Aller, der da iſt über euch Alle, und durch euch Alle, und in euch Allen.“

2. Fr. Wie kann aber Gott der Vater aller Menſchen ſein, da doch jeder Menſch ſeinen natürlichen Vater auf Erden hat?

Ant. Gott iſt der Vater aller Geiſter der Menſchen. Hebr. 12, 9. Prediger Salomo 12, 7.

„Auch ſo wir haben unſere leiblichen Väter zu Züchtigern gehabt, und ſie geſchenet, ſollen wir denn nicht viel mehr unterthan ſein dem Vater unſerer Geiſter, daß wir leben?“

„Denn der Staub muß wieder zu der Erde kommen, wie er geweſen iſt, und der Geiſt wieder zu Gott, der ihn gegeben hat.“

3. Fr. Exiſtirten denn die Geiſter aller Menſchen, ehe ſie auf Erden Körper annahmen?

Ant. Ja, ſie exiſtirten in der Geiſterwelt. Jer. 1, 4—5. Joh. 6, 62.

„Und des Herrn Wort geſchahe zu mir, und ſprach: Ich kannte dich, ehe denn ich dich im Mutterleibe bereitete, und ſonderte dich aus, ehe denn du von der Mutter geboren wurdeſt, und ſtellte dich zum Propheten unter die Völker.“

„Wie, wenn ihr denn ſehen werdet des Menſchen Sohn auffahren dahin, da er zuvor war?“

4. Fr. Zu welchem Zwecke wurden die Geister gesandt, um auf Erden Körper an sich zu nehmen?

Ant. Damit sie mögen belehrt, entwickelt und vervollkommnet werden, um einer ewigen Fülle von Erkenntniß, Kraft und Herrlichkeit sich erfreuen zu können, und dadurch zur Größe des Reiches Gottes und Seiner Herrlichkeit beigetragen werde.

5. Fr. Wie viele Prüfungsperioden (Dasein) haben intelligente Wesen, die Götter werden, zu passiren?

Ant. Drei große Perioden oder Dasein.

6. Fr. Welches sind die Zustände der e r s t e n Periode des Daseins intelligenter Wesen?

Ant. Intelligente Wesen sind erzeugte Geister — Söhne und Töchter Gottes, in der Welt der Geister, und ihre Gestalt ist gleich der der Menschen.

7. Fr. Welches sind die Zustände der z w e i t e n Periode des Daseins intelligenter Wesen?

Ant. Sie sind gesandt, auf irgend einer Welt zu wohnen, um dort sterbliche Körper anzunehmen, damit sie mit den Folgen und der Natur des Guten und Bösen, der Freude und Trübsal besser bekannt werden, ihr Begriff von Vergnügen und Glückseligkeit sich vervollkomme, und sie dadurch sich fähig machen, eine Fülle von ewiger Seligkeit zu genießen und dieselbe genügend zu schätzen.

8. Fr. Welches sind die Zustände der d r i t t e n Periode des Daseins intelligenter Wesen?

Ant. Nachdem sie in Folge von Sünde und Tod ihre sterblichen Körper abgelegt haben, empfangen die Geister u n s t e r b l i c h e Körper; und Jene, welche ihrem Vater im Himmel während ihrer ersten und zweiten Prüfungsperiode treu geblieben, werden zu Königen und Priestern erhoben und erhalten Kraft, Gewalt, Ehre und Herrlichkeit in den himmlischen Welten für immer und ewig.

9. Fr. Haben die Geister in der Geisterwelt irgendwelche Erkenntniß von den Erfahrungen, welche sie vor ihrem Zustande der Vollkommenheit durchzumachen haben?

Ant. Ja; sie haben eine allgemeine Idee davon. Köstliche Perle S. 52.

„Nun hatte der Herr mir, Abraham, die intelligenten Wesen, welche vor der Grundlegung der Welt organisirt waren, gezeigt; und unter denselben waren viele Noble und Große; und Gott sah, daß diese Seelen gut waren, und er ſtand in ihrer Mitte und ſprach: Dieſe will ich zu meinen Herrſchern machen; denn er ſtand unter denen, welche Geiſter waren und er ſah, daß ſie gut waren; und er ſagte zu mir, Abraham: Du biſt einer von ihnen und warſt erwählt, ehe denn du geboren wurdeſt. Und unter ihnen ſtand einer, der war Gott gleich, und er ſprach zu denen, die mit ihm waren: Wir wollen hinuntergehen, denn dort iſt Raum, und von dem Material nehmen, und eine Erde machen, worauf dieſe wohnen mögen; und damit wollen wir ſie prüfen und ſehen, ob ſie alle Dinge, welche ihnen der Herr, ihr Gott, befehlen wird, thun werden, und die, welche ihren erſten Stand behalten, ſollen mehr empfangen, und die, welche ihren erſten Stand nicht behalten, ſollen keine Herrlichkeit haben in dem gleichen Reiche mit denen, welche ihren erſten Stand behalten haben; und die, welche ihren zweiten Stand behalten, ſollen Herrlichkeit auf ihre Häupter vermehrt empfangen, für immer und ewig."

10. Fr. Freuten ſich die Geiſter, welche, um Körper an ſich zu nehmen, auf Erden kommen ſollten, über ihre Ausſichten, oder trauerten ſie darüber?

Ant. Sie frohlockten, und ſangen zuſammen und jauchzten vor Freude. Hiob 38, 4—6—7.

„Wo warſt du, da ich die Erde gründete? Sage mir's, biſt du ſo klug? . . . . Oder wer hat ihr einen Eckſtein gelegt? Da mich die Morgenſterne miteinander lobeten, und jauchzeten alle Kinder Gottes."

11. Fr. Wenn wir dieſe großen und herrlichen Wahrheiten erwägen, ſollten wir uns freuen, oder aber traurig ſein, weil wir in einer Welt zu leben haben, wo wir Hunger, Durſt, Elend, Schmerz und Tod ausgeſetzt ſind?

Ant. Wir ſollten uns glücklich ſchätzen, uns freuen, unſerm Vater im Himmel danken und ihn loben, weil Er uns eine ſo herrliche Gelegenheit gab, in dieſe Welt zu kommen, um das Gute und Böſe kennen zu lernen und durch unſere treue Pflichterfüllung Götter, ja Söhne Gottes werden zu dürfen.

Siebentes Kapitel.

Berathung im Himmel. Luzifers Rebellion. Erſchaffung oder Organiſation der Erde.

1. Fr. Was geſchah nach der Erzeugung von Geiſtern, welche für dieſe Erde beſtimmt waren?

Ant. Eine große Berathung oder eine Reihe von Berathungen wurden im Himmel gehalten, aus welchen der feſte Beſchluß her=

vorging, diese Erde zu einem Wohnplatz jener Geister, welche, um Körper anzunehmen, auf derselben wohnen sollten, zu organisiren; ferner alle die Werke obiger Organisation in sieben Tagen oder Zeitperioden zu vollenden; endlich, dieselben nach ihrer Vollendung am siebenten Tage, und schließlich den siebenten Tag selbst, zu heiligen. Köstliche Perle S. 52 und 56.

„Und unter ihnen stand Einer, der war Gott gleich, und er sprach zu denen, die mit ihm waren: Wir wollen hinuntergehen, denn dort ist Raum, und von dem Material nehmen, und eine Erde bauen, worauf diese wohnen mögen; und damit wollen wir sie prüfen und sehen, ob sie alle Dinge, welche ihnen der Herr, ihr Gott, befehlen wird, thun werden; und die, welche ihren ersten Stand behalten, sollen mehr empfangen, und die, welche ihren ersten Stand nicht behalten, sollen keine Herrlichkeit haben in dem gleichen Reiche mit denen, welche ihren ersten Stand behalten haben; und die, welche ihren zweiten Stand behalten, sollen Herrlichkeit auf ihre Häupter vermehrt empfangen für immer und ewig. Und der Herr sprach: Wen soll ich senden? Und Einer, gleich dem Menschensohne, antwortete: Hier bin ich, sende mich! Und ein Anderer antwortete und sprach: Hier bin ich, sende mich! Und der Herr sprach: Ich will den Ersten senden. Da ward der Zweite zornig und behielt seinen ersten Stand nicht, und an demselben Tage waren Viele, welche ihm folgten. Dann sagte der Herr: Lasset uns hinuntergehen!"

„Und so wollen wir die Himmel und die Erde vollenden, und alle die Heerschaaren derselben. Und die Götter sagten unter sich: In der siebenten Zeit wollen wir das Werk, worüber wir rathschlagten, beendigen; und in der siebenten Zeit wollen wir ruhen von all den Werken, worüber wir berathen haben. Und die Götter bestimmten die siebente Zeit und heiligten sie, darum, weil sie dann ruhen wollten nach all den Werken, welche sie (die Götter) unter sich zu thun beschlossen hatten. Und Solches war ihr Beschluß zur Zeit, da sie unter sich rathschlagten, die Himmel und die Erde zu formiren."

2. Fr. Wer war es, der da zornig wurde und sein erstes Dasein nicht behielt, weil er nicht erwählt ward?

Ant. Luzifer, der Sohn des Morgens. Lehre und Bündnisse 92, 3.

„Und dieses sahen wir auch und geben davon Bericht, daß ein Engel Gottes, der angethan mit Autorität vor Gott stand, aber gegen den eingebornen Sohn, welchen der Vater liebte und welcher im Schooße des Vaters war, sich empörte, von der Gegenwart Gottes und des Sohnes herabgeworfen und Verderben genannt wurde; denn die Himmel weinten über ihn — er war Luzifer, ein Sohn des Morgens. Und wir schauten weiter und siehe — er ist gefallen! gefallen! Er, der ein Sohn des Morgens war."

4. Fr. Was geschah, da Luzifer dem Rathe der Götter seinen Vorschlag machte?

Ant. Sein Vorschlag wurde von dem Rathe verworfen, worüber Luzifer zornig wurde, und er und sein Anhang empörten sich, worauf ihre Ausstoßung aus dem Himmel erfolgte; so wurde er der Teufel und sein Anhang seine Engel. Köstliche Perle S. 16. Lehre und Bündnisse 10, 10.

„Deshalb, weil Satan sich gegen mich empörte und trachtete, die freie Wahl des Menschen zu zerstören, welche ich, Gott der Herr, ihm gegeben hatte, und auch, daß ich ihm meine eigene Macht geben sollte, durch die Macht meines Eingebornen, geschah es, daß ich verursachte, daß er hinabgeworfen wurde, und er wurde Satan, ja sogar der Teufel, der Vater aller Lügen."

„Denn sehet, der Teufel war vor Adam, denn er empörte sich gegen mich und sagte: Gib mir deine Ehre, welches meine Macht ist; und auch den dritten Theil der Heerschaaren des Himmels führte er hinweg, wegen ihres freien Willens. Und sie wurden herabgeworfen und so kamen der Teufel und seine Engel."

5. Fr. Was that der Rath der Götter nach der Rebellion Luzifers und seines Anhanges?

Ant. Sie beschlossen, die Organisation der Erde 2c. genau nach dem Willen Gottes auszuführen. Köstliche Perle S. 53.

„Und dann sprach der Herr: Lasset uns hinuntergehen; und im Anfange gingen sie hinunter, und sie (die Götter) organisirten und formirten die Himmel und die Erde. Die Erde, nachdem sie formirt ward, war wüst und leer, denn außer derselben war noch nichts anderes formirt. Ueber der Tiefe herrschte Finsterniß und der Geist Gottes schwebte über der Oberfläche des Wassers."

6. Fr. Wurde die ursprüngliche Erde aus Nichts gemacht?

Ant. Nein. Die Elemente, aus welchen die Erde organisirt wurde, existirten zu allen Zeiten. Es ist unmöglich, aus Nichts Etwas zu schaffen. Köstliche Perle S. 52. Lehre und Bündnisse 83, 5.

„Wir wollen hinuntergehen, denn dort ist Raum, und von dem Material nehmen und eine Erde machen, worauf diese wohnen mögen."

„Die Elemente sind ewig."

7. Fr. Was war das Werk des ersten Tages der Schöpfung, da nun die Erde formirt ward?

Ant. Das Licht wurde geschaffen und von der Finsterniß geschieden. Köstliche Perle S. 53.

„Und sie (die Götter) sprachen: Es werde Licht — und es ward Licht. Und sie (die Götter) sahen das Licht, denn es ward helle; und sie unterschieden, oder verursachten die Unterscheidung, das Licht von der Finsterniß; und die Götter nannten das Licht Tag und die Finsterniß Nacht; und die Zeit von Abend bis Morgen nannten sie Nacht, und die von Morgen bis Abend Tag; und dieses ward das Erste oder der Anfang von dem, das sie Tag und Nacht hießen."

8. Fr. Was thaten die Götter am zweiten Tage?

Ant. Sie schufen eine Veste (Himmel) und zertheilten die Wasser. Köstliche Perle S. 53.

„Und die Götter sprachen: Es sei eine Veste in der Mitte der Wasser, daß dieselbe die Wasser von den Wassern theile. Und die Götter ordneten die Veste, so daß dieselbe die Wasser, welche unter derselben, und die Wasser, welche über derselben waren, theilte. Und es war genau so, wie sie befohlen hatten. Und die Götter nannten die Veste Himmel. .... Dieses war das zweite Mal, daß es Tag und Nacht war."

9. Fr. Was thaten die Götter am dritten Tage?

Ant. Sie sammelten die Wasser auf der Erde an **einen Ort**, und bereiteten die Erde zu, damit dieselbe Gras und Früchte hervorbringe. Köstliche Perle S. 53.

„Und die Götter befahlen und sprachen: Lasset die Wasser unter dem Himmel sich an **einen** Ort sammeln, und die Erde trocken erscheinen; und es geschah so, wie sie befohlen; und die Götter erklärten die Erde trocken, und das gesammelte Wasser nannten sie „Große Wasser". Und die Götter sahen, wie ihnen gehorcht wurde. Und die Götter sprachen: Laßt uns die Erde zubereiten, daß sie Gras hervorbringe; das Gras, daß es Saamen bringe und den Fruchtbaum, daß er Früchte trage nach seiner Art, dessen eigener Saame wieder seines Gleichen auf Erden hervorbringe; und es war so, wie sie befohlen hatten. Und die Götter organisirten die Erde, daß dieselbe Gras von dessen eigenem Saamen und die Kräuter wieder Kräuter von ihrem eigenen Saamen hervorbringen, alle Saamen tragend nach ihrer eigenen Art; und daß der Baum wuchs von seinem eigenen Saamen, und Früchte trug und dessen Saame wieder Gleiches produzirte, nach seiner Art. Und die Götter sahen, daß ihnen gehorcht wurde. . . . Da ward die dritte Zeit."

10. Fr. Was thaten die Götter am vierten Tage?

Ant. Sie organisirten die Lichter am Himmel, damit dieselben bei Tag und Nacht scheinen möchten. Köstliche Perle S. 54.

„Und die Götter organisirten die Lichter in dem Raume des Himmels und verursachten sie, den Tag von der Nacht zu theilen; und sie organisirten dieselben für Zeichen und Zeiten, Tage und Jahre; auch daß sie Lichter seien in der Weite des Himmels und auf Erden — und es geschah so. Und die Götter organisirten zwei große Lichter, das größere den Tag und das geringere die Nacht zu regieren. Mit dem geringeren Lichte setzten sie auch die Sterne; und die Götter setzten dieselben in die Weite des Himmels, damit sie auf Erden Licht geben, über den Tag und die Nacht regieren und das Licht von der Finsterniß unterscheiden. Und die Götter bewachten alle die Dinge, welche sie befohlen hatten, bis sie gehorchten.... Da war die vierte Zeit."

11. Fr. Was thaten die Götter am fünften Tage?

Ant. Sie bereiteten die Wasser 2c., damit Fische, Vögel und andere sich bewegende Geschöpfe entstehen möchten. Köstliche Perle S. 54.

„Und die Götter sprachen: Lasset uns die Wasser zubereiten, daß sie eine Menge Geschöpfe hervorbringen, welche leben und sich bewegen; auch die Vögel, daß dieselben in der offenen Weite des Himmels über der Erde fliegen mögen. Und die Götter bereiteten die Wasser, damit dieselben große Wallfische und jedes lebende Geschöpf, das sich bewegt, ein jedes nach seiner Art, im Ueberflusse hervorbrachten, sowie auch alle die Vögel mit ihren Flügeln, nach ihrer Art. Und die Götter sahen, daß ihnen gehorcht wurde und daß ihr Plan gut war..... Da war die fünfte Zeit."

12. Fr. Was thaten die Götter am sechsten Tage?

Ant. Sie bereiteten die Erde, auf daß dieselbe das Vieh, die kriechenden Dinge und die übrigen Thiere hervorbringen möchte. Köstliche Perle S. 55.

„Und die Götter bereiteten die Erde zu, daß dieselbe die lebenden Geschöpfe nach ihrer Art, das Vieh, die kriechenden Dinge, und die Thiere der Erde nach ihrer Art hervorbringe; und es ward, wie sie gesagt hatten. Und die Götter organisirten die Erde, daß dieselbe die Thiere nach ihrer Art, das Vieh nach seiner Art und jedes Ding, das auf der Erde kriecht, nach seiner Art hervorbringe; und die Götter sahen, daß ihnen gehorcht wurde... Da zählten sie die sechste Zeit."

13. Fr. Was thaten die Götter am siebenten Tage?

Ant. Sie pflanzten den Garten Eden auf der Erde, mit Gräsern und Bäumen, sammt dem Baume des Lebens und der Erkenntniß des Guten und Bösen: sie setzten Adam und Eva in den Garten, die lebenden Geschöpfe auf die Erde, vollendeten und heiligten die Werke der Schöpfung. 1. Buch Mose 2, 2. Köstliche Perle S. 56 und 57.

„Und also vollendete Gott am siebenten Tage seine Werke, die er machte; und ruhete am siebenten Tage von allen seinen Werken, die er machte."

„Und die Götter sprachen unter sich: Um die siebente Zeit wollen wir unsere Werke, welche wir zu thun beschlossen, vollenden, und wollen ruhen von all unsern Werken, worüber wir uns berathen haben. Und die Götter bestimmten die siebente Zeit, weil in derselben sie ruheten von allen den Werken, welche zu thun sie beschlossen hatten und heiligten dieselben. . . . Und im östlichen Theile Edens pflanzten die Götter einen Garten, und darein setzten sie den Mann, dessen Geist sie in den Körper gethan, welchen sie formirt hatten. Und aus der Erde ließen die Götter jeden Baum wachsen, der angenehm anzusehen und gut zur Speise ist; auch den Baum des Lebens, in der Mitte des Gartens, und den Baum der Erkenntniß des Guten und Bösen . . . . Und die Götter sprachen: Laßt uns für den Mann eine Gehülfin schaffen, denn es ist nicht gut, daß der Mann allein sei, darum wollen wir eine Gehülfin schaffen für ihn . . . Und für Adam ward eine Gehülfin gefunden."

14. Fr. Welche Herrschaft wurde Adam und Eva gegeben?
Ant. Sie erhielten die Herrschaft über alle Dinge auf Erden. Köstliche Perle S. 55.

„Und die Götter sprachen: Wir wollen verursachen, daß sie (Adam und Eva) fruchtbar seien und sich vermehren, damit sie die Erde füllen und dieselbe ihnen unterthan machen, und daß sie herrschen über die Fische im Meere, über die Vögel in der Luft und jedes lebende Wesen, welches sich auf Erden bewegt."

15. Fr. Welche Gebote wurden Adam und Eva gegeben?
Ant. Es wurde ihnen geboten, fruchtbar zu sein und sich zu mehren und die Erde zu füllen — nicht von dem Baume der Erkenntniß des Guten und Bösen zu essen, da, insofern sie davon essen würden, der Tod über sie Gewalt erhielte; sie waren aber nicht Unterthanen des Todes, als sie in den Garten Eden gesetzt wurden, wohl aber frei, den Geboten der Götter gehorsam oder ungehorsam zu sein. Köstliche Perle S. 13, 57.

„Und ich, Gott, segnete sie, und sprach zu ihnen: Seid fruchtbar und mehret euch, und füllet die Erde und macht euch dieselbe unterthan."
„Und die Götter geboten dem Manne und sprachen: Von jedem Baume des Gartens magst du frei essen, aber von dem Baume der Erkenntniß des Guten und Bösen sollst du nicht essen, denn in der Zeit, da du davon issest, sollst du gewißlich sterben."

16. Fr. Wer gab den lebenden Geschöpfen ihre Namen?
Ant. Adam. Köstliche Perle S. 58.

„Und mit welcherlei Namen Adam jedes lebende Geschöpf nannte, das sollte dessen Name sein. Und Adam gab allem Vieh und den Vögeln der Luft und den Thieren des Feldes ihre Namen."

Achtes Kapitel.
Der Fall.

1. Fr. Was geschah, als Adam und Eva in den Garten Eden gesetzt waren?

Ant. Satan fuhr in den Körper einer Schlange und versuchte Eva, damit sie von dem Baume der Erkenntniß des Guten und Bösen esse, indem er sagte, daß Gott ihr und dem Manne deshalb von dem Baume zu essen verboten habe, damit sie nicht werden, wie die Götter. Buch Mormon, 2. Nephi 1, 11. Köstliche Perle S. 17.

„Daher sagte er, die alte Schlange, der Teufel, der Vater aller Lügen, zu Eva: Genießet von der verbotenen Frucht, und ihr sollt nicht sterben, aber ihr werdet wie Gott sein und Gutes und Böses erkennen."

„Ja, hat Gott gesagt, ihr sollt von allen Bäumen im Garten essen (und der Satan sprach durch den Mund der Schlange), nur von der Frucht des Baumes, den du in der Mitte des Gartens siehest, hat Gott gesagt, daß ihr weder essen noch schmecken sollt, damit ihr nicht sterbet?! Gott weiß, daß an dem Tage, da ihr davon esset, eure Augen geöffnet werden, und dann sollt ihr sein wie die Götter und wissen, was gut und böse ist."

2. Fr. Genoß Eva von der Frucht?

Ant. Ja, und gab Adam auch davon, und er aß. Köstliche Perle S. 17.

„Und da das Weib sah, daß von dem Baume zu genießen gut wäre, und war lieblich anzuschauen, ein wünschenswerther Baum, um davon weise zu werden, nahm sie von desselben Frucht, und aß, und gab ihrem Manne, der mit ihr war, auch davon, und er aß."

3. Fr. Was war der augenblickliche Erfolg ihres Genusses von der verbotenen Frucht?

Ant. Ihre Augen wurden geöffnet, sie schämten sich, dem Herrn zu begegnen und versteckten sich vor ihm. Köstliche Perle S. 17.

„Und die Augen beider wurden geöffnet und sie wußten, daß sie nackend waren. Und sie hörten die Stimme des Herrn, ihres Gottes, da sie in der Kühle des Abends im Garten wandelten; und Adam und sein Weib versteckten sich vor dem Angesichte Gottes, unter den Bäumen des Gartens."

4. Fr. Was that der Herr?

Ant. Er rief Adam und befragte ihn und Eva, und sie bekannten ihre Uebertretung. Köstliche Perle S. 17.

„Und Gott der Herr rief Adam und sprach zu ihm: Wo gehest du? Und Adam antwortete: Ich hörte deine Stimme in dem Garten, da fürchtete ich mich, weil ich sahe, daß ich nackend war, und versteckte mich. Und Gott der Herr sprach zu Adam: Wer sagte dir, daß du nackend seiest? Hast du von dem Baume gegessen, von dem ich dir gebot, daß du nicht essen sollest, sonst solltest du sicherlich sterben? Da sagte der Mann: Das Weib, welches du mir gabest und mir befahlest, sie um mich zu haben, gab mir von der Frucht des Baumes, und ich aß. Und Ich, Gott der Herr, sprach zu dem Weibe: Was ist dies, das du gethan hast? Und das Weib sagte: Die Schlange verführte mich, und ich aß."

5. Fr. Was hat denn der Herr zu Eva gesprochen?

Ant. Er sagte ihr, daß Er ihrer Sorgen und Empfängniß viel machen wolle, und daß ihr Mann über sie regieren werde. Köstliche Perle S. 18.

„Und zu dem Weibe sagte ich, Gott der Herr: Ich will deine Sorgen sehr vermehren und deine Empfängnisse. Mit Schmerzen sollst du Kinder hervorbringen und deine Begehren sollen nach deinem Manne sein und er soll über dich regieren."

6. Fr. Was sagte der Herr zu Adam?

Ant. Der Herr sprach, daß der Acker solle verflucht sein um Adams willen, und mit Kummer solle er davon sich nähren und im Schweiße des Angesichts sein Brot essen. Köstliche Perle S. 18.

„Und Gott der Herr sprach zu Adam: Weil du der Stimme deines Weibes gehorchtest und gegessen hast von der Frucht des Baumes, von welcher zu essen ich dir verbot, so sei die Erde verflucht um deinetwillen. Mit Sorgen sollst du davon essen alle Tage deines Lebens; Dornen und Disteln soll er dir tragen, und du sollst die Früchte des Feldes genießen. Dein Brot sollst du im Schweiße deines Angesichts essen."

7. Fr. Wurde die Strafe des Todes an Adam und Eva vollzogen?

Ant. Ja, geistig und leiblich.

8. Fr. Worin bestand der geistige Tod?

Ant. In der Verbannung von der Gegenwart des Herrn. Lehre und Bündnisse 10, 11.

„Deshalb ließ ich, der Herr, Gott, ihn (Adam) aus dem Garten Eden verbannen, seiner Uebertretung wegen, wodurch er geistig todt wurde, welches der erste Tod ist, selbst derselbe Tod, welcher der letzte Tod ist, der geistig ist, welcher gegen die Gottlosen ausgesprochen werden wird, wenn ich sagen werde: „Weichet von mir, ihr Verfluchten"."

9. Fr. Worin bestand der leibliche Tod?
Ant. In der Auflösung des Körpers. Köstliche Perle S. 18.

„Du sollst zur Erde zurückkehren und mußt gewißlich sterben, denn von der Erde warst du genommen; du warst Staub und Staub sollst du wieder werden."

10. Fr. Sind alle Menschen dem Tode unterworfen?
Ant. Ja. Niemand ist davon ausgenommen. Buch Mormon, Alma 19, 20. Römer 5, 12.

„Da nun die Seele niemals sterben konnte, und der Fall über das ganze Menschengeschlecht, sowohl einen geistigen wie einen zeitlichen Tod herbeigeführt hatte, nämlich daß es vom Angesicht des Herrn verstoßen war, daher war es nothwendig, daß die Menschheit von diesem geistigen Tode erlöst werde."

„Derhalben, wie durch einen Menschen die Sünde ist gekommen in die Welt, und der Tod durch die Sünde, und ist also der Tod zu allen Menschen durchgedrungen, dieweil sie alle gesündigt haben."

11. Fr. Was that der Herr, nachdem Er Adam und Eva aus dem Garten Eden vertrieben hatte?

Ant. Der Herr setzte vor den Garten Eden einen Engel mit einem flammenden Schwerte, das sich nach allen Seiten kehrte, damit derselbe den Baum des Lebens bewache, auf daß Adam und Eva nicht davon essen. Buch Mormon, Alma 19, 18.

„Da stellte er (der Herr) am östlichen Ende des Gartens Eden den Cherubim mit einem bloßen hauenden Schwerte, welches sich nach allen Seiten drehte, um den Baum des Lebens zu beschützen. Nun sehen wir, daß der Mensch wie Gott geworden war, und Gutes und Böses erkannte; um zu verhindern, daß er nicht seine Hand ausstrecke und vom Baume des Lebens nehme und esse . . . . stellte Gott, der Herr, den Cherubim mit einem bloßen hauenden Schwerte dahin, damit er (Adam) nicht von der Frucht genießen sollte."

12. Fr. Was wären die Folgen gewesen, wenn Adam und Eva von dem Baume des Lebens genossen hätten?

An. Sie hätten, als Unterthanen des Teufels, für immer in dem Elende und der Sünde, welche sie durch ihre Uebertretung in die Welt gebracht hatten, leben müssen, und das Wort Gottes wäre unerfüllt geblieben. Buch Mormon, Alma 19, 18—19.

„Um zu verhindern, daß er nicht seine Hand ausstrecke und auch vom Baume des Lebens nehme und esse und ewig lebe."
„Denn siehe, wenn Adam gleich seine Hand ausgestreckt und von dem Baume des Lebens gegessen hätte, so würde er nach den Worten

Gottes ewig gelebt haben. … Auch das Wort Gottes wäre nichtig gewesen."

13. Fr. War es denn nothwendig, daß Adam von der verbotenen Frucht genießen sollte?

Ant. Ja. Ohne diese Uebertretung hätte er nie das Gute und Böse kennen gelernt, noch sterbliche Nachkommen haben können; ferner wäre er auch nicht im Stande gewesen, der Eva anzuhangen, wie er vor seinem Falle versprochen hatte. Köstliche Perle S. 1. Buch Mormon, 2. Nephi 1, 11.

"Durch Adams Fall sind wir."

"Wenn nun Adam nicht gesündigt hätte, so würde er nicht gefallen, sondern in dem Garten von Eden geblieben sein. Und alle erschaffenen Dinge hätten in demselben Zustande bleiben müssen, in welchem sie nach ihrer Erschaffung waren, und sie hätten ewig bleiben müssen und kein Ende haben können. Und sie würden keine Kinder gehabt haben, dann wären sie in einem Zustand der Unschuld verblieben, ohne Freude zu empfinden, denn sie kannten kein Elend; ohne Gutes zu thun, denn sie hatten keine Sünde gekannt. Aber siehe, alle Dinge sind in der Weisheit desjenigen gethan, der Alles weiß. Adam fiel, damit Menschen würden, und Menschen sind da, daß sie sich erfreuen."

14. Fr. Trauerten Adam und Eva oder freuten sie sich über ihre Uebertretung und daß sie nun mit der Natur des Guten und Bösen bekannt geworden waren?

Ant. Sie freuten sich und lobten Gott. Köstliche Perle S. 20.

"Und in jenen Tagen lobte Adam Gott und ward erfüllt, und begann zu prophezeien in Betreff aller Geschlechter auf Erden: Gesegnet sei der Name Gottes; wegen meiner Uebertretung sind meine Augen geöffnet, denn in diesem Leben werde ich Freude haben, und in meinem Fleische Gott schauen. Und Eva, sein Weib, hörte alle diese Dinge, freute sich und sagte: Wäre es nicht unserer Uebertretung wegen, wir würden keine Nachkommen, nie eine Erkenntniß des Guten und Bösen, auch nicht die Freude unserer Erlösung, noch das ewige Leben, welches Gott allen den Gehorsamen gibt, erkannt haben. Und Adam und Eva segneten den Namen Gottes; und sie erzählten alle Dinge ihren Söhnen und Töchtern."

15. Fr. Wenn wir diese Umstände auf richtige, passende Weise betrachten, geziemt es uns, die Uebertretung Adams und Evas als ein zu betrauerndes Elend anzusehen und zu glauben, daß die Menschen, hätte der Sündenfall nicht stattgefunden, so viel glücklicher geworden wären?

Ant. Nein. Denn Fall unserer ersten Eltern sollten wir als

den ersten großen Schritt zu unserer Erhöhung und unserem Glücke betrachten, und entsprach derselbe den Absichten und der großen Weisheit Gottes, denn ohne das Elend und die Jämmerlichkeit des Bösen zu erfahren, können wir die Würde und Schönheit des Guten nie kennen und schätzen lernen.

Neuntes Kapitel.
Die Erlösung von dem Falle.

1. Fr. Hatten Adam und Eva irgendwelche Kraft, um sich von den Folgen ihres Falles wieder befreien zu können?

Ant. Nein, aus sich selbst hatten sie nicht die geringste Kraft.

2. Fr. Warum hatten sie aus sich selbst nicht die Kraft, sich von den Folgen ihres Falles zu befreien?

Ant. Weil die Gerechtigkeit Gottes für die Uebertretung des Gesetzes eine Genugthuung verlangte; da aber unsere ersten Eltern durch ihre Uebertretung unter der Strafe des Gesetzes standen, konnten sie das nöthige Opfer nicht darbringen.

3. Fr. Wie wurde denn die Erlösung von den Folgen des Falles zuwege gebracht?

Ant. Gott sandte seinen eingebornen Sohn, welcher keine Sünde kannte, um für die Sünden der Welt zu sterben und damit den Forderungen der Gerechtigkeit zu entsprechen. Römer 5, 8—10. 1. Thim. 1, 15.

„Darum preiset Gott, seine Liebe gegen uns, daß Christus für uns gestorben ist, da wir noch Sünder waren. . . . . Denn so wir Gott versöhnet sind durch den Tod seines Sohnes, da wir noch Feinde waren."

„Denn das ist je gewißlich wahr und ein theuerwerthes Wort, daß Christus Jesus gekommen ist in die Welt, die Sünder selig zu machen."

4. Fr. Können die Menschen auf irgend einem andern als dem vorgezeichneten Wege, oder durch Vermittlung eines andern Wesens, außer Jesum Christum, von dem Falle erlöst werden?

Ant. Nein, die Erlösung durch Jesum Christum ist die einzige. Apostelgesch. 4, 12. Buch Mormon, 1. Nephi 3, 2. Mosiah 1, 15.

„Und ist in keinem Andern Heil, ist auch kein anderer Name den Menschen gegeben, darinnen wir sollen selig werden."

„Weshalb alle Menschen in einem verlorenen und gefallenen Zustande wären und immer sein würden, wenn sie nicht diesem Erlöser vertrauten."

„Ueberdem sage ich euch, daß kein anderer Name gegeben werden soll, noch irgend andere Wege oder Mittel, wodurch das Heil auf die Menschenkinder kommen kann, als nur in und durch den Namen Christi, des allmächtigen Herrn."

5. Fr. Beanspruchte dann Barmherzigkeit die Erlösung der Menschen, nachdem eine Genugthuung gemacht war?

Ant. Ja, soweit als die Menschen durch den Fall Adams litten. 1. Kor. 15, 22. Römer 5, 18.

„Denn gleichwie sie in Adam Alle sterben, also werden sie in Christo Alle lebendig gemacht werden."

„Wie nun durch Eines Sünde die Verdammniß über alle Menschen gekommen ist, also ist auch durch Eines Gerechtigkeit die Rechtfertigung des Lebens über alle Menschen gekommen."

6. Fr. Ist die Erlösung durch Christum auch für die eigenen, personalen Uebertretungen aller Menschen hinreichend?

Ant. Ja, aber nur allein unter den Bedingungen des Gehorsams. Römer 2, 6—10. 1. Joh 1, 7.

„Welcher geben wird einem Jeglichen nach seinen Werken; nämlich Preis, und Ehre, und unvergängliches Wesen, denen, die mit Geduld in guten Werken trachten nach dem ewigen Leben; aber denen, die da zänkisch sind, und der Wahrheit nicht gehorchen, gehorchen aber dem Ungerechten, Ungnade und Zorn; Trübsal und Angst über alle Seelen der Menschen, die da Böses thun, vornehmlich der Juden und auch der Griechen; Preis aber und Ehre, und Friede allen Denen, die da Gutes thun."

„So wir aber im Lichte wandeln, wie er im Lichte ist, so haben wir Gemeinschaft unter einander, und das Blut Jesu Christi, seines Sohnes, macht uns rein von aller Sünde."

7. Fr. Sind vor den Augen Gottes alle Menschen Sünder?

Ant. Alle Menschen, welche die Jahre der Zurechnungsfähigkeit erreicht haben, übertraten in Diesem oder Jenem die Gesetze der Gerechtigkeit. Römer 3, 23. 1. Joh. 1, 8.

„Sie sind allzumal Sünder, und mangeln des Ruhms, den sie an Gott haben sollten."

„So wir sagen, wir haben keine Sünde, so verführen wir uns selbst, und die Wahrheit ist nicht in uns."

8. Fr. Werden kleine Kinder vor Gott als Sünder angesehen?

Ant. Nein, denn sie sind schon durch die Genugthuung Christi erlöst. Lehre und Bündnisse 10, 13. Buch Mormon, Mosiah 1, 14.

„Doch, sehet, ich sage euch, daß kleine Kinder schon von der Gründung der Welt an durch meinen Eingebornen erlöst worden sind: deshalb können sie nicht sündigen, denn dem Satan ist keine Macht gegeben, kleine Kinder zu versuchen, bis sie anfangen, vor mir verantwortlich zu werden."

„Daß das Gesetz Moses nichts nütze, ohne die Versöhnung durch sein (Christi) Blut; und selbst, wenn es möglich wäre, daß kleine Kinder sündigen könnten, könnten sie nicht selig werden; aber ich sage euch, sie sind gesegnet, denn sehet, so wie sie durch Adam, oder durch die Natur fallen, ebenso versöhnet das Blut Christi für ihre Sünden."

9. Fr. Wie wird der Plan der Erlösung gewöhnlich genannt?
Ant. Das Evangelium oder der Plan der Seligkeit.

10. Fr. Sind die Bestimmungen des Evangeliums oder des Planes der Seligkeit einem Wechsel unterworfen?
Ant. Nein, sie sind unwandelbar wie deren Stifter, und ein Fluch ruht auf Jedem, der versucht, das Evangelium zu verkehren, oder irgend einen andern Plan zur Erreichung der Seligkeit zu verkünden. Galater 1, 8—9. 2. Joh. 9—10—11.

„Aber so auch wir, oder ein Engel vom Himmel euch würde Evangelium predigen, anders, denn wir euch gepredigt haben, der sei verflucht. Wie wir jetzt gesagt haben, so sagen wir auch abermal: So Jemand Euch Evangelium prediget, anders, denn das ihr empfangen habt, der sei verflucht."

„Wer übertritt, und bleibet nicht in der Lehre Christi, der hat keinen Gott.... So Jemand zu euch kommt, und bringet diese Lehre nicht, den nehmet nicht zu Hause, und grüßet ihn auch nicht. Denn wer ihn grüßet, der macht sich theilhaftig seiner bösen Werke."

Zehntes Kapitel.
Glaube — Buße.

1. Fr. Was verlangt das Evangelium oder der Plan der Seligkeit als erste Grundbedingung?
Ant. Glaube.

2. Fr. An wen müssen wir Glauben haben?
Ant. An Gott und an Seinen eingebornen Sohn, Jesus Christus. Buch Mormon, Mosiah 2, 3. Joh. 3, 16.

„Glaubet an Gott; glaubet, daß er ist, und alle Dinge erschaffen hat, sowohl im Himmel als auch auf Erden; glaubet, daß er alle Weisheit und alle Macht hat, sowohl im Himmel als auf Erden, und glaubet, daß ihr euch von euren Sünden bekehren und sie aufgeben müßt, und euch vor Gott demüthigen und in Aufrichtigkeit des Herzens ihn bitten, daß er euch vergeben wolle."

„Also hat Gott die Welt geliebet, daß er seinen eingebornen Sohn gab, auf daß Alle, die an ihn glauben, nicht verloren werden, sondern das ewige Leben haben."

3. Fr. Bedürfen alle Menschen nothwendigerweise des Glaubens, um sich die Seligkeit zu sichern?

Ant. Ja, Glaube wird von allen Menschen verlangt. Hebräer 11, 6. Marcus 16, 16.

„Aber ohne Glauben ist es unmöglich, Gott zu gefallen; denn wer zu Gott kommen will, der muß glauben, daß er sei, und denen, die ihn suchen, ein Vergelter sein werde."

„Wer aber nicht glaubt, der wird verdammt werden."

4. Fr. Was ist Glaube weiter, nebstdem, daß derselbe das erste Prinzip zur Erreichung der Seligkeit ausmacht?

Ant. Glaube ist das Grundprinzip der Kraft; in der That, das Fundament der Kraft. Marcus 11, 22—24.

„Habt Glauben an Gott. Wahrlich ich sage euch, wer zu diesem Berge spräche: Hebe dich, und wirf dich ins Meer, und zweifelte nicht in seinem Herzen, sondern glaubte, daß es geschehen würde, was er sagt, so wird es ihm geschehen, was er sagt. Darum sage ich euch: Alles, was ihr bittet in eurem Gebet, glaubet nur, daß ihr es empfangen werdet, so wird es euch werden."

5. Fr. Nenne mir einige Begebenheiten, welche die Gewalt des Glaubens darstellen.

Ant. Durch Glauben wurde Enoch versetzt, ohne den Tod zu schmecken; durch Glauben sind die Kinder Israels unter Moses durch das rothe Meer, wie auf trockenem Lande, gegangen, während die Aegypter im Versuche, das Gleiche zu thun, ertranken; durch Glauben sind die Mauern von Jericho während dem Schalle der Trompeten und unter dem Jauchzen des Volkes gefallen; durch Glauben sah Jareds Bruder den Herrn; durch Glauben sah Nephi, daß seine Nachkommen von der Wahrheit abfallen, und daß das Evangelium und der Bericht seines Vaters in den letzten Tagen wieder unter ihnen bekannt gemacht würde.

6. Fr. Da nun im Glauben eine solche Gewalt liegt, können wir nicht durch denselben allein selig werden, wie Etliche annehmen?

Ant. Nein. Glaube ohne weiteren Gehorsam ist nutzlos. Jakobi 2, 14—20—26. Buch Mormon, Mosiah 2, 3.

„Was hilft es, liebe Brüder, so Jemand sagt, er habe den Glauben, und hat doch die Werke nicht? Kann auch der Glaube ihn selig machen? ..... Willst du aber wissen, du eitler Mensch, daß der Glaube ohne Werke todt sei? ... Denn gleichwie der Leib ohne Werke todt ist, also auch der Glaube ohne Werke ist todt."

„Und nun, wenn ihr alle diese Sachen glaubt, so sehet zu, daß ihr sie thut."

7. Fr. Worin besteht die zweite, zur Erlangung der Seligkeit nöthige Grundbedingung?

Ant. In der Buße.

8. Fr. Besteht Buße im Trauern, Wehklagen und in sorgenvoller Kopfhängerei?

Ant. Nein. Ein Mensch mag alle diese Dinge ausführen und dennoch nie Buße thun.

9. Fr. Was ist denn Buße?

Ant. Ein Ablassen von Sünde, mit dem festen Entschlusse des Herzens, fortan Gutes zu thun. Jes. 55, 7.

„Der Gottlose lasse von seinem Wege, und der Uebelthäter seine Gedanken, und bekehre sich zum Herrn, so wird er sich seiner erbarmen, und zu unserm Gott, denn bei ihm ist viel Vergebung."

10. Fr. Bedürfen alle Menschen der Buße?

Ant. Ja. Von denen, welche die Jahre der Zurechnungsfähigkeit erreicht haben, ist keiner ausgenommen. Lucas 13, 3; 24, 47.

„So ihr euch nicht bessert, werdet ihr Alle auch also umkommen."

„Und predigen lassen in seinem Namen Buße und Vergebung der Sünden unter allen Völkern."

Elftes Kapitel.
Taufe.

1. Fr. Worin besteht die dritte, zur Erlangung der Seligkeit nöthige Grundbedingung?

Ant. In der Taufe.

2. Fr. Welches ist die richtige Weise der Taufe?

Ant. Die zu taufende Person geht mit derjenigen, welche zur Ausführung dieser Handlung rechtmäßig bevollmächtigt ist, in das Wasser und wird untergetaucht. Buch Mormon, 3. Nephi 5, 10 bis 11. Lehre und Bündnisse 2, 21.

„Und er sagte zu ihnen: In folgender Weise sollt ihr taufen, und es soll keine Uneinigkeit unter euch stattfinden. Wahrlich, ich sage euch: Diejenigen, welche durch eure Worte ihre Sünden bereuen und in meinem Namen getauft zu werden wünschen, sollt ihr auf diese Weise taufen: Seht, ihr sollt hinabgehen und im Wasser stehen, und in meinem Namen sollt ihr sie taufen. Und seht, dies sind die Worte, welche ihr sagen sollt, indem ihr sie bei Namen nennt: Mit der Vollmacht, die mir von Jesu Christo gegeben worden ist, taufe ich dich im Namen des Vaters, des Sohnes und des heiligen Geistes. Amen. Und dann sollt ihr sie im Wasser untertauchen und wieder aus dem Wasser hervorsteigen. Und nach dieser Weise sollt ihr in meinem Namen taufen, denn seht, wahrlich, ich sage euch, daß der Vater und der Sohn und der heilige Geist eins sind, und Ich bin im Vater und der Vater ist in mir, und der Vater und Ich sind eins. Und so wie ich euch befohlen habe, sollt ihr taufen."

„Taufe muß in der folgenden Weise an Allen, die Buße thun, vollzogen werden: — Der Mann, der von Gott berufen ist und Autorität von Jesus Christus hat zu taufen, soll mit der Person, welche zur Taufe erschienen ist, in das Wasser hinabsteigen und sagen, indem er ihn oder sie beim Namen ruft: Beauftragt von Jesus Christus taufe ich dich in dem Namen des Vaters, des Sohnes und des heiligen Geistes. — Amen! Darauf soll er ihn oder sie im Wasser untertauchen und wieder herauskommen aus dem Wasser."

3. Fr. Ist nicht Taufe ein Begräbniß?
Ant. Paulus heißt sie so. Römer 6, 4—5. Col. 2, 12.

„So sind wir je mit ihm begraben durch die Taufe in den Tod, auf daß, gleichwie Christus ist auferwecket von den Todten, durch die Herrlichkeit des Vaters, also sollen auch wir in einem neuen Leben wandeln. So wir aber sammt ihm gepflanzet werden zu gleichem Tode, so werden wir auch der Auferstehung gleich sein."

„In dem, daß ihr mit ihm begraben seid durch die Taufe."

4. Fr. Glauben nicht viele Menschen, die Taufe sollte durch Besprengung oder Ueberschüttung mit Wasser vollzogen werden?
Ant. Ja, aber solche Menschen sind im Irrthum, und ist ihre Besprengung oder Ueberschüttung von keinem Nutzen, da Gott eine solche Weise nicht anerkennt.

5. Fr. Für was ist die Taufe?
Ant. Zur Vergebung der Sünden. Apostelgeschichte 2, 38. Buch Mormon, 3. Nephi 5, 14.

„Thut Buße und lasse sich ein Jeglicher taufen auf den Namen Jesu Christi zur Vergebung der Sünden, so werdet ihr empfangen die Gabe des heiligen Geistes."

„Ja, gesegnet sind die, welche euren Worten glauben werden, welche in die Tiefen der Demuth hinabsteigen und sich taufen lassen, denn sie sollen mit Feuer und dem heiligen Geist heimgesucht werden, und eine Vergebung ihrer Sünden erhalten."

6. Fr. Kann man nun einfach durch Untertauchung im Wasser eine Vergebung der Sünden erlangen?

Ant. Untertauchung im Wasser an und für sich selbst kann nicht eines Menschen Sünden erlassen.

7. Fr. Wie kann denn durch Taufe eine Vergebung der Sünden erlangt werden?

Ant. Weil Gott es so verordnete, daß eines Menschen Sünden nicht mehr sollen gegen ihn erinnert werden, nachdem derselbe Buße gethan hat und von einem rechtmäßig Bevollmächtigten auf richtige Weise getauft worden ist. Es sind die Bestimmungen und Befehle Gottes, welche solchen Verordnungen Kraft und Werth verleihen.

8. Fr. Da aber Taufe eine äußerlich zu vollziehende Verordnung ist, können denn die Menschen nicht ohne dieselbe zu befolgen selig werden, insofern sie glauben und Buße thun?

Ant. Niemand, der die Jahre der Zurechnungsfähigkeit erreicht hat und der die Predigt des Evangeliums hörte, kann ohne Taufe selig werden. Buch Mormon, 3. Nephi 5, 12—13. Lehre und Bündnisse 4, 12.

„Und wer nicht an mich glaubt und nicht getauft wird, soll verdammt werden..... Wiederum sage ich euch: Ihr müßt euch bekehren und in meinem Namen getauft werden und wie ein kleines Kind werden, sonst könnt ihr durchaus nicht das Reich Gottes erben. Wahrlich, wahrlich, ich sage euch, dies ist meine Lehre, und wer darauf baut, baut auf meinen Felsen, und die Pforten der Hölle sollen ihn nicht überwältigen."

„Wahrlich, wahrlich, ich sage euch, daß Die, welche nicht an eure Worte glauben und nicht getauft werden im Wasser in meinem Namen zur Vergebung ihrer Sünden, damit sie den heiligen Geist empfangen möchten, verdammt werden und nicht in meines Vaters Reich, wo der Vater und ich sind, kommen sollen."

9. Fr. Wer kann auf rechtmäßige Weise die Taufe empfangen?

Ant. Solche Personen, welche die Jahre der Zurechnungsfähigkeit erreicht haben. Lehre und Bündnisse 2, 20; 43, 6.

„Niemand kann in die Kirche Christi aufgenommen werden, wenn er nicht die Jahre der Verantwortlichkeit vor Gott erreicht hat und zur Buße fähig ist.

„Denn alle Menschen müssen Buße thun und getauft werden; und nicht nur Männer, sondern auch Frauen und Kinder, welche zu den Jahren der Verantwortlichkeit herangewachsen sind."

10. Fr. Haben denn kleine Kinder die Taufe nicht nöthig?
Ant. Kleine Kinder sind vor Gott nicht verantwortlich und sind daher nicht als Sünder betrachtet, folglich bedürfen sie auch der Taufe nicht. Buch Mormon, Moroni 8, 2.

„Siehe, ich kam in die Welt, nicht um die Gerechten, sondern die Sünder zur Buße zu rufen. Die Gesunden brauchen keinen Arzt, aber die Kranken. Also kleine Kinder sind gesund, denn sie können keine Sünde begehen. . . . Siehe, ich sage dir, dieses sollst du lehren, Bekehrung und Taufe Derjenigen, welche verantwortlich und im Stande sind, Sünden zu begehen; ja, lehre den Eltern, daß sie sich bekehren und getauft werden müssen, und sich demüthigen, wie ihre kleinen Kinder, dann sollen sie alle mit ihren kleinen Kindern selig werden; und ihre kleinen Kinder brauchen weder Buße noch Taufe."

11. Fr. Lehren nicht viele Leute, daß kleine Kinder nicht selig werden können, wenn sie nicht getauft werden?

Ant. Ja, aber diese Lehre ist sehr verwerflich und ungerecht und in den Augen Gottes ein Gräuel. Buch Mormon, Moroni 8, 2.

„Daher weiß ich, mein Sohn, daß es ein feierliches Gespött vor Gott ist, kleine Kinder zu taufen. . . . Wenn daher Kinder nicht ohne Taufe gerettet werden konnten, so mußten diese nothwendigerweise zu einer endlosen Hölle gegangen sein. Seht ich sage euch: Wer da vermuthet, daß kleine Kinder der Taufe bedürfen, ist in der Galle der Bitterkeit und in den Banden der Sünde; denn er hat weder Glauben, noch Hoffnung, noch Liebe, daher müßte er zur Hölle niederfahren, wenn er mit diesen Gedanken stürbe. Denn es ist eine schreckliche Bosheit, zu glauben, daß Gott ein Kind erlöst durch die Taufe, und das andere umkommen muß, weil es nicht getauft ist. Wehe Denen, welche die Wege des Herrn auf diese Weise verkehren, denn sie sollen umkommen, wenn sie sich nicht bekehren. Seht, ich spreche mit Freimüthigkeit, da ich das Recht von Gott dazu habe. . . . Kleine Kinder können keine Buße thun, daher ist es eine abscheuliche Bosheit, ihnen die reine Barmherzigkeit vorzuenthalten, denn wegen seiner Barmherzigkeit leben sie alle in ihm. Und wer da sagt, daß kleine Kinder der Taufe bedürfen, verleugnet die Barmherzigkeit Christi, und setzt die Versöhnung durch ihn und die Macht seiner Erlösung bei Seite. Wehe Denen, denn sie sind in Gefahr des Todes, der Hölle und endloser Pein. Ich rede dreist, Gott hat es mir befohlen."

12. Fr. In welchem Alter werden Kinder als zurechnungsfähig und alt genug betrachtet, um getauft werden zu können?

Ant. Die Kinder der Heiligen in Zion werden im achten Jahre als alt genug betrachtet, um die Taufe empfangen zu sollen. Lehre und Bündnisse 22, 4.

„Und wiederum, insofern als Eltern Kinder in Zion haben, oder in irgend einem der organisirten Pfähle Zions, welche sie nicht belehren, die Lehren der Buße, Glauben in Christum, den Sohn des lebendigen Gottes, und die Taufe und Gabe des heiligen Geistes, durch das Auflegen der Hände zu verstehen, wenn sie acht Jahre alt sind, so soll die Sünde auf den Häuptern der Eltern ruhen; denn dies soll ein Gesetz für die Einwohner in Zion sein, oder in irgend einem seiner Pfähle, welche organisirt sind, und ihre Kinder sollen zur Vergebung ihrer Sünden getauft werden, wenn sie acht Jahre alt sind und das Auflegen der Hände empfangen; auch sollen sie ihre Kinder lehren zu beten und gerecht vor dem Herrn zu wandeln."

13. Fr. Wie wird die Taufe öfters genannt?

Ant. Das Gesetz der Adoption (Annahme an Kindes Statt) oder die Thüre zum Reiche Gottes.

14. Fr. Weshalb heißt man die Taufe so?

Ant. Darum, weil die Menschen um der Sünde willen Gott fremd geworden sind und dann durch den in der Taufe geleisteten Gehorsam von Gott als Kinder angenommen werden, welches ihnen zu seinem Reiche die Thüre öffnet und sie zu dessen Bürgern umgestaltet.

Zwölftes Kapitel.
Der heilige Geist.

1. Fr. Was kann eine Person, welche sich durch die Befolgung der Ordnung der Taufe gewisser Begünstigungen erfreut, in Kraft derselben empfangen?

Ant. Die Gaben des heiligen Geistes.

2. Fr. Wie hat Jesus Christus den heiligen Geist genannt?

Ant. Den Tröster.

3. Fr. Zu welchem Zwecke ist der heilige Geist gegeben?

Ant. Um zu erfreuen, zu trösten, den Verstand zu erleuchten, das Gedächtniß zu stärken, in alle Wahrheit zu leiten, damit die Menschen sich vervollkommnen können. Joh. 14, 26.

„Aber der Tröster, der heilige Geist, welchen mein Vater senden wird in meinem Namen, derselbe wird es euch Alles lehren, und euch erinnern alles deß, was ich euch gesagt habe."

4. Fr. Welches sind die dem heiligen Geiste eigenen Kundgebungen oder Wirkungen?

Ant. Nebst andern sind es Gesichte, Träume, Prophezeiungen, Sprachen in fremden Zungen, Auslegung der Sprachen, Unterscheidung der Geister und Engel; Erkenntniß, Weisheit, überaus großer Glaube, Heilung und wunderbare Kräfte. 1. Kor. 12, 8 bis 11. Buch Mormon, Moroni 10, 3.

„Einem wird gegeben durch den Geist zu reden von der Weisheit; dem Andern wird gegeben zu reden von der Erkenntniß nach demselben Geist; einem Andern der Glaube, in demselben Geist; einem Andern die Gabe, gesund zu machen, in demselben Geist; einem Andern Wunder zu thun; einem Andern mancherlei Sprachen; einem Andern, die Sprachen auszulegen. Dies aber Alles wirkt derselbe einige Geist, und theilt einem Jeglichen seines zu, nachdem er will."

„Wiederum ermahne ich euch, meine Brüder, die Gaben Gottes nicht zu verleugnen, denn es gibt ihrer viele, und sie kommen von demselben Gott; und diese Gaben sind auf verschiedene Weise ausgetheilt, aber es ist derselbige Gott, welcher Alles in Allem wirkt; und sie sind den Menschen durch die Offenbarungen des Geistes Gottes gegeben, um ihnen zu nützen. Denn sehet, dem Einen ist vom Geiste Gottes gegeben worden, daß er das Wort der Weisheit lehre; und einem Andern, daß er das Wort der Erkenntniß durch denselbigen Geist lehre; und einem Andern überaus großer Glaube; und einem Andern die Gaben der Heilung durch denselbigen Geist; und wiederum einem Andern, daß er mächtige Wunder wirke; und einem andern, daß er in Betreff aller Dinge weissage; und wiederum einem Andern, daß er Engel schaue und dienende Geister; und wiederum einem Andern vielerlei Zungen; und wiederum einem Andern die Auslegung der Sprachen und verschiedenerlei Zungen."

5. Fr. Können die Menschen in allen Zeitaltern diese Kundgebungen des heiligen Geistes genießen?

Ant. Die Kundgebungen oder Wirkungen des heiligen Geistes folgen dem Glauben und dem Gehorsam gegenüber dem Evangelium Jesu Christi zu allen Zeiten. Apostelg. 2, 38—39. Buch Mormon, Moroni 7, 9; 10, 4.

„Thut Buße und lasse sich ein Jeglicher taufen auf den Namen Jesu Christi zur Vergebung der Sünden, so werdet ihr empfangen die Gabe des heiligen Geistes; denn euer und euer Kinder ist diese Verheißung, und Aller, die ferne sind, welche Gott, unser Herr, hervorrufen wird."

„Hat der Tag der Wunder aufgehört? Oder haben Engel aufgehört, den Menschenkindern zu erscheinen? Oder hat er ihnen die Macht des heiligen Geistes vorenthalten? Oder wird er es thun, so lange wie die Zeit währt, oder die Erde steht, oder ein Mensch auf derselben da sein wird, um gerettet zu werden? Seht, ich sage euch, Nein."

„Und ich wollte euch ermahnen, meine geliebten Brüder, eingedenk zu sein, daß Derselbe, gestern, heute und für ewig ist, und daß alle diese Gaben, von denen ich geredet habe, welche geistig sind, niemals aufhören, so lange die Welt stehen wird, nur nach dem Unglauben der Menschenkinder."

6. Fr. Lehren nicht viele Leute, daß diese Gaben abgethan seien, und wir gegenwärtig derselben nicht mehr bedürfen? Ant. Ja, aber solche Personen sind falsche Lehrer und der Zorn Gottes ist gegen sie entbrannt; denn wo man dieser Gaben sich nicht erfreut, da müssen Unglaube, Finsterniß, Verwirrung, Streit und Gottlosigkeit sicherlich die Oberhand gewinnen. Sprüche Sal. 29, 18. Mich. 2, 6—7. Buch Mormon, 3. Nephi 13, 14; Mormon 4, 11—12; Moroni 10, 5.

„Wenn die Weissagung aus ist, wird das Volk wild und wüste."

„Prophezeit nicht, sagen sie zu denen, welche prophezeien: sie sollen ihnen nicht prophezeien, damit man sich nicht schämen müsse. O du, das man heißt das Haus Jakob, ist der Geist des Herrn verkürzt? Sind dieses seine Werke? Thun nicht meine Worte Demjenigen gut, der da aufrichtig wandelt?" *)

„Wehe Demjenigen, welcher die Handlungen des Herrn verachtet; ja, wehe Dem, der Christum und seine Werke verleugnen wird; ja, wehe Dem, der sagen wird, die Herr wirkt nicht länger durch Offenbarung, oder durch Weissagung, oder durch Glauben, oder durch Gaben, durch Zungen, durch Heilungen oder durch die Macht des heiligen Geistes; ja, und wehe Dem, der, um Gewinn zu erlangen, an dem Tage sagen wird, daß durch Jesum Christum kein Wunder gewirkt werden kann, denn Derjenige, welcher dies thut, wird ebenso wie das Kind des Verderbens werden, für welches nach dem Worte Christi keine Barmherzigkeit war."

„Und wiederum rede ich zu euch, die ihr die Offenbarungen Gottes leugnet und sagt: Sie haben aufgehört und es gebe jetzt keine Offenbarungen, noch Prophezeiungen, noch geistige Gaben, noch die Gaben der Heilung, noch die Gabe, mancherlei Sprachen zu reden und dieselben auszulegen. Seht, ich sage euch, wer diese Dinge leugnet, kennt nicht das Evangelium Christi; ja, er hat die Schriften nicht gelesen oder nicht verstanden. Denn lesen wir nicht, daß Gott derselbe ist, gestern, heute, morgen und immerdar, und in ihm ist kein Wandel, noch Schatten der Veränderlichkeit. Nun, wenn ihr euch einen wandelbaren Gott vorgestellt habt, in welchem Schatten der Veränderlichkeit sind, dann habt ihr euch einen Gott vorgestellt, welcher kein Gott der Wunder ist. Aber seht, es gibt einen Gott, der Wunder thut, der Gott Abrahams, Isaats und

---

*) Wir haben hier die englische Bibelübersetzung gebraucht, weil im Deutschen diese Stelle unklar erscheinen möchte.

der Gott Jakobs, und er ist derselbe Gott, welcher Himmel und Erde erschaffen hat, und alle Dinge, die darin enthalten sind."

„Und jetzt sage ich es zu allen Enden der Erde, daß, wenn der Tag kommt, wo die Macht und Gaben Gottes aufhören unter euch, so soll es Unglaubens halber sein. Und wehe den Menschenkindern, wenn dies der Fall ist. Denn es wird Keiner unter euch sein, der Gutes thut, nein, nicht Einer. Denn wenn Einer unter euch ist, der gut ist, so wird er durch die Macht und Gaben Gottes wirken. Und wehe Denen, welche diese Dinge außer Acht lassen und sterben, denn sie sterben in ihren Sünden und können nicht im Reiche Gottes selig werden. Und ich rede dies nach den Worten Christi und lüge nicht."

7. Fr. Sagt nicht St. Paulus, daß einst diese Gaben aufhören würden?

Ant. Ja, aber nicht ehe die Heiligen vollkommen gemacht sind. 1. Kor. 13, 8—9—10.

„Die Liebe hört nimmer auf, so doch die Weissagungen aufhören werden, und die Sprachen aufhören werden, und die Erkenntniß aufhören wird. Denn unser Wissen ist Stückwerk und unser Weissagen ist Stückwerk. Wenn aber kommen wird das Vollkommene, so wird das Stückwerk aufhören."

8. Fr. Wie kommt es denn, daß sich die sogenannten religiösen Leute im Allgemeinen nicht der Kundgebungen oder Wirkungen des heiligen Geistes erfreuen?

Ant. Wegen ihrem Unglauben. Buch Mormon, Mormon 4, 13—14—15—16.

„Ihr Alle nun, die ihr euch einen Gott vorgestellt habt, welcher Wunder thun kann, ich möchte euch fragen: Sind alle diese Dinge erfüllt, von denen ich geredet habe? Ist das Ende schon gekommen? Seht, ich sage euch: Nein; und Gott hat nicht aufgehört, ein Gott der Wunder zu sein. Sind nicht die Dinge, welche Gott erschaffen hat, wunderbar in unsern Augen? Ja, und wer kann die wunderbaren Werke Gottes begreifen? Wer kann sagen, es war kein Wunder, daß durch sein Wort Himmel und Erde erschaffen wurden; und durch die Macht seines Wortes wurde der Mensch aus dem Staub der Erde erschaffen; und durch die Macht seines Wortes sind Wunder gewirkt worden? Und wer kann sagen, daß Jesus Christus nicht große und mächtige Wunder gewirkt hat? Und viele mächtige Wunder geschahen durch die Apostel. Wenn also Wunder geschahen, warum hat Gott denn aufgehört, ein Gott zu sein, der Wunder thut, und doch ein Wesen ohne Wandel? Seht, ich sage euch: Er ändert sich nicht; wenn das wäre, so würde er aufhören, Gott zu sein; aber er hört nicht auf, Gott zu sein, und er ist ein Gott, der Wunder thut. Und der Grund, warum er aufhört, Wunder unter den Menschenkindern zu thun, ist, weil sie in Unglauben abgefallen sind, vom rechten Wege abweichen und den Gott nicht kennen, auf welchen sie trauen sollen. Seht, ich sage euch, wer an Christum glaubt und nicht zweifelt, dem wird Alles gewährt werden, worum er den Vater im Namen Christi bitten wird; und dieses Versprechen erstreckt sich auf Alle, bis zu den Enden der Erde. Denn seht, so sagte Jesus Christus, der Sohn Gottes, zu seinen Jüngern, die bleiben sollten, ja, und auch zu allen seinen Jüngern vor der versammelten Menge: Gehet hin in alle Welt und prediget das Evangelium aller Kreatur; wer da glaubet und getauft wird, soll selig werden, wer aber nicht glaubt, soll verdammet werden. Und diese Zeichen sollen Denen folgen, welche glauben: In meinem Namen sollen sie Teufel austreiben, mit neuen Zungen reden, Schlangen vertreiben; und wenn sie etwas Tödtliches trinken, wird es ihnen nicht schaden; sie werden auf die Kranken die Hände legen, damit sie genesen; und wer an meinen Namen glaubt und nicht zweifelt, dem will ich alle meine Worte bestätigen, bis an die Enden der Erde. Nun seht, wer kann den Werken des Herrn widerstehen? Wer kann seine Worte leugnen? Wer will sich gegen die Allmacht des Herrn erheben? Wer wird die Werke des Herrn verachten? Wer wird die Kinder Christi verachten? Seht, ihr Alle, die ihr Verächter des Wortes des Herrn seid, ihr sollt euch wundern und umkommen."

9. Fr. Auf welche Weise werden die Gaben des heiligen Geistes den Menschen mitgetheilt?

Ant. Durch Auflegen der Hände Derer, welche dazu Vollmacht besitzen. Apostelg. 8, 17. Buch Mormon, Moroni 2, 1. Lehre und Bündnisse 59, 6.

„Da legten sie die Hände auf sie und sie empfingen den heiligen Geist."

„Die Worte Christi, welche er zu seinen Jüngern, den Zwölfen, die er erwählt hatte, redete, als er seine Hände auf sie legte. Und er nannte sie bei Namen und sagte: Ihr sollt den Vater in meinem Namen anrufen in mächtigem Gebet; und nachdem ihr dies gethan habt, sollt ihr die Macht haben, den heiligen Geist Demjenigen zu geben, welchem ihr die Hände auflegen werdet; und in meinem Namen sollt ihr ihn geben, denn so thun meine Apostel .... Und auf alle Diejenigen, auf welche sie ihre Hände legten, fiel der heilige Geist."

„Und wiederum, es wird sich begeben, daß auf so Viele, als du mit Wasser taufen wirst, sollst du deine Hände legen, und sie sollen empfangen die Gabe des heiligen Geistes."

10. Fr. Haben nicht schon viele Personen die Gaben des heiligen Geistes ohne das Auflegen der Hände empfangen?*)

Ant. Ja, z. B. Cornelius und Alle, die mit ihm dem Worte zuhörten. Apostelg. 10, 44.

---

*) Bemerkung. Um weitern Aufschluß dieser Frage verweisen wir auf eine Rede des Präsidenten Brigham Young, „Stern" Nr. 10, 3. Band, Seite 150.

„Da Petrus noch diese Worte redete, fiel der heilige Geist auf Alle, die dem Worte zuhörten."

11. Fr. Wie sollten sich Personen, nachdem sie den heiligen Geist empfangen haben, verhalten, um denselben beständig behalten zu können?

Ant. Sie sollen in tiefster Demuth und im Gebete verbleiben und sich auf's Aeußerste anstrengen, alle Gebote des Herrn zu halten und deren Vorschriften zu beobachten. In der That bei jedem Worte, das aus dem Munde Gottes kommt, leben.

Dreizehntes Kapitel.
Das Sakrament oder das Abendmahl des Herrn.

1. Fr. Wie wird das Sakrament oder das Abendmahl des Herrn begangen?
Ant. Mit Genießen von Brot und Wein.
2. Fr. Wer hat das Abendmahl eingesetzt?
Ant. Der Herr Jesus Christus.
3. Fr. Zu welchem Zwecke wurde dasselbe eingeführt?
Ant. Zum Gedächtniß an das Leiden und Sterben unseres Herrn Jesu Christi. 1. Kor. 11, 23—26.

„Ich habe es von dem Herrn empfangen, das ich euch gegeben habe. Denn der Herr Jesus, in der Nacht, da er verrathen ward, nahm er das Brot, dankte und brach es und sprach: Nehmet, esset, das ist mein Leib, der für euch gebrochen wird; solches thut zu meinem Gedächtniß. Desgleichen auch den Kelch, nach dem Abendmahl, und sprach: Dieser Kelch ist das neue Testament in meinem Blut; solches thut, so oft ihr es trinket, zu meinem Gedächtniß. Denn so oft ihr von diesem Brot esset und von diesem Kelch trinket, sollt ihr des Herrn Tod verkündigen, bis daß er kommt."

4. Fr. Ist Jedermann zur Austheilung des Abendmahles berechtigt?
Ant. Nein, Niemand außer Denen, welche dazu Vollmacht empfangen haben.
5. Fr. Unter welchen Völkern hat Jesus Christus das Abendmahl eingesetzt?
Ant. Unter Seinen jüdischen Jüngern zu Jerusalem, kurz vor Seinem Tode und unter Seinen nephitischen Jüngern in Amerika,

unmittelbar nach Seiner Auferstehung. Math. 26, 26—29. Buch Mormon, 3. Nephi 8, 6—7.

„Da sie aber aßen, nahm Jesus das Brot, dankte und brach es, und gab es den Jüngern und sprach: Nehmet, esset; das ist mein Leib. Und er nahm den Kelch und dankte, gab ihnen den und sprach: Trinket Alle daraus; das ist mein Blut des neuen Testamentes, welches vergossen wird für Viele, zur Vergebung der Sünden. Ich sage euch: Ich werde von nun an nicht mehr von diesem Gewächs des Weinstocks trinken, bis an den Tag, da ich es neu trinken werde mit euch in meines Vaters Reich."

„Und Jesus befahl seinen Jüngern, daß sie i'm Brot und Wein brächten. Und während sie hingingen, um Brot und Wein zu holen, befahl er dem Volke, sich zu lagern. Und als die Jünger mit dem Brot und Wein gekommen waren, nahm er von dem Brot, brach es und segnete es und gab es seinen Jüngern und befahl ihnen, daß sie essen sollten. Und nachdem sie gegessen hatten und satt waren, befahl er ihnen, der Menge auch zu geben, und nachdem sie gegessen hatte und satt war, sagte er zu den Jüngern: Seht, es soll Einer unter euch ernannt werden, dem will ich die Macht geben, das Brot zu brechen und es zu segnen und dem Volke meiner Kirche zu geben, allen Denen, die glauben und in meinem Namen getauft werden. Dieses sollt ihr immer beobachten, zu thun, wie ich gethan habe, ebenso wie ich das Brot gebrochen, es segnete und euch gegeben habe. Und dies sollt ihr thun zum Gedächtniß meines Leibes, welchen ich euch gezeigt habe. Und es soll dem Vater ein Zeugniß sein, daß ihr euch immer meiner erinnert. Und wenn ihr immer meiner gedenket, so sollt ihr meinen Geist immer bei euch haben. Nachdem er diese Worte geredet hatte, befahl er seinen Jüngern, von dem Wein im Kelche zu trinken und auch der versammelten Menge zu trinken zu geben. Und sie thaten dies und tranken und wurden satt. Und nachdem die Jünger dies gethan hatten, sagte Jesus zu ihnen: Gesegnet seid ihr, wegen dessen, was ihr gethan habt, denn dies ist eine Erfüllung meiner Gebote, und bezeugt dem Vater, daß ihr willens seid, zu thun, was ich euch befohlen habe. Dieses sollt ihr immer Denen thun, die sich bekehren und in meinem Namen getauft werden; und ihr sollt es thun, zum Gedächtniß meines Blutes, welches ich für euch vergossen habe, um dem Vater ein Zeugniß zu geben, daß ihr immer meiner gedenket. Und wenn ihr immer meiner gedenkt, soll mein Geist bei euch sein. Ich gebe euch einen Befehl, daß ihr diese Dinge thun sollt. Und wenn ihr immer dieses thut, seid ihr gesegnet, denn ihr seid auf meinem Felsen gebaut."

6. Fr. Haben alle Mitglieder der Kirche Christi das Recht, das Abendmahl zu genießen?

Ant. Alle, ausgenommen diejenigen, welche sich verwerflich gemacht haben und unter der Verdammniß stehen. 1. Kor. 11, 17—30. Buch Mormon, 3. Nephi 8, 10. Lehre und Bündnisse 16, 1.

„Welcher nun unwürdig von diesem Brot isset, oder von dem Kelch des Herrn trinket, der ist schuldig an dem Leibe und Blute des Herrn. Der Mensch prüfe aber sich selbst, und also esse er von diesem Brot, und trinke von diesem Kelch. Denn welcher unwürdig isset und trinket, der isset und trinket sich selber das Gericht, damit, daß er nicht unterscheidet den Leib des Herrn. Darum sind auch so viele Schwache und Kranke unter euch, und ein gut Theil schlafen."

„Als Jesus diese Worte gesprochen, richtete er seine Blicke wieder auf die Jünger, die er erwählt hatte, und sagte zu ihnen: Wahrlich, wahrlich, ich sage euch, ich gebe euch ein anderes Gebot, und dann muß ich zu meinem Vater gehen, um andere Gebote zu erfüllen, die er mir gegeben hat. Nun seht, dies ist das Gebot, welches ich euch gebe, daß ihr wissentlich Niemanden gestatten sollt, von meinem Leib und Blut unwürdig zu genießen, wenn ihr dieselben austheilt, denn wer von meinem Leib und Blut unwürdig genießet, isset und trinket seiner Seele Verdammniß; wenn ihr daher wisset, daß ein Mann unwürdig ist, meinen Leib zu essen und mein Blut zu trinken, so sollt ihr es ihm verbieten; dennoch sollt ihr ihn nicht unter euch ausstoßen, sondern ihr sollt ihn lehren, und für ihn zum Vater beten in meinem Namen, und, wenn er sich bekehrt und in meinem Namen getauft ist, dann sollt ihr ihn aufnehmen, und ihn meines Leibes und Blutes theilhaftig werden lassen. Wenn er sich aber nicht bekehrt, soll er nicht zu meinem Volke gerechnet werden, damit er nicht mein Volk verderbe, denn seht, ich kenne meine Schafe, und sie sind gezählt, dennoch sollt ihr ihn nicht aus euren Synagogen weisen, oder aus euren Bethäusern, sondern fortfahren, sie zu lehren, denn ihr wisset nicht, ob sie sich bekehren, Buße thun und zu mir mit einem festen Entschlusse kommen werden, und ich werde sie heilen, und vermittelst eurer soll das Heil zu ihnen gelangen. Darum haltet diese Reden, welche ich euch befohlen habe, damit ihr nicht in Verdammniß gerathet, denn, wehe Denjenigen, welche der Vater verdammet."

„Auch gebiete ich euch), Niemanden, der zur Kirche gehört, von euren Abendmahlsversammlungen auszuschließen; dennoch, wenn irgend Welche übertreten haben, so sollen sie nicht am Abendmahle Theil haben, bis sie sich versöhnt haben."

7. Fr. Auf welche Weise wird das Brot gegeben?

Ant. Die Person, welche zur Administration des Abendmahls bevollmächtigt ist, bricht das Brot, bittet dann um den Segen darüber und ertheilt es hernach den versammelten Mitgliedern der Kirche. Lehre und Bündnisse 2, 22.

„Es ist rathsam, daß sich die Gemeinden oft versammeln, um das Brot und den Wein zum Gedächtniß Jesu Christi zu genießen; und der Aelteste oder Priester soll es segnen: und auf diese Weise soll es gesegnet werden — er soll knieen mit der Gemeinde und den Vater in feierlichem Gebete anrufen, indem er sagt: „O Gott, du ewiger Vater, wir bitten dich in dem Namen deines Sohnes Jesu Christi, dieses Brot zu segnen und zu heiligen den Seelen aller Derer, welche davon genießen, daß sie es essen mögen zum Gedächtniß des Leibes deines Sohnes und dir bezeugen, o Gott, du ewiger Vater, daß sie willig sind, auf sich zu nehmen den Namen deines Sohnes, und jederzeit seiner gedenken wollen und seine Gebote halten, welche er ihnen gegeben hat, daß sie immerdar seinen Geist mit sich haben mögen. Amen.")

8. Fr. Auf welche Weise wird der Wein ertheilt?

Ant. Von der Person, welche dazu bevollmächtigt ist, wird über den Wein um eine Segnung gebeten und dann der Gemeinde ertheilt. Lehre und Bündnisse 2, 23.

„Die Art und Weise, den Wein zu segnen. Er soll den Kelch nehmen und sagen: O Gott, du ewiger Vater, wir bitten dich in dem Namen deines Sohnes Jesu Christi, diesen Wein zu segnen und zu heiligen den Seelen aller Derer, welche davon trinken, daß sie es thun mögen zum Gedächtniß des Blutes deines Sohnes, welches für sie vergossen wurde; damit sie dir bezeugen mögen, o Gott, du ewiger Vater, daß sie seiner allezeit gedenken und sein Geist mit ihnen sein möge immerdar. Amen."

9. Fr. Wie oft genießt die Kirche Christi das Abendmahl?

Ant. Gewöhnlich jeden Sonntag.

10. Fr. Wird Jesus Christus je wieder das Abendmahl genießen?

Ant. Ja, wenn Er wieder auf die Erde kommt. Lehre und Bündnisse 50, 2—3.

„Darum staunet nicht, denn es wird die Stunde kommen, daß ich werde mit euch von dem Gewächs des Weinstocks trinken auf Erden, und mit Moroni; . . . . . und auch mit Elias; . . . . mit Johannes, dem Sohne des Zacharias; . . . . und auch mit Joseph, und Jakob, und Isaak, und Abraham, euren Vätern, auf denen die Verheißungen ruhen; ferner mit Michael, oder Adam, der da ist der Vater Aller, der Fürst über Alle, der Alte der Tage . . . Und auch mit Petrus, und Jakobus, und Johannes; . . . Ferner mit allen Denen, die mir mein Vater aus der Welt gegeben hat.

11. Fr. Werden im Abendmahl jederzeit Brot und Wein gebraucht?

Ant. Nein. Mitunter wird Wasser gebraucht in Fällen, wenn Wein, von der Kirche gepflanzt, nicht erhalten werden kann.

12. Fr. Wenn Wein nicht erhalten werden kann, ist dann der Gebrauch von Wasser annehmbar und gültig vor dem Herrn?

Ant. Ja. Es war in Folge einer Offenbarung von ihm, daß Wasser zuerst im Abendmahl gebraucht wurde. Lehre und Bündnisse 50, 1—2.

„Denn siehe, ich sage euch, daß es nicht darauf ankommt, was ihr essen sollt, oder was ihr trinken sollt, wenn ihr das Abendmahl genießet, so ihr es thut im Hinblick auf mich, und vor dem Vater gedenket meines Leibes, der für euch zerschlagen ward, und meines Blutes, welches für die Vergebung eurer Sünden vergossen ward. Darum nun gebe ich euch ein Gebot, daß ihr weder Wein noch starkes Getränke von euren Feinden kaufen sollt, und deswegen sollt ihr keines davon genießen, ausgenommen es sei wiederum unter euch bereitet, selbst in diesem, meines Vaters Reiche, welches soll gegründet werden auf Erden. Sehet, das ist von mir weislich so bestimmt."

13. Fr. Welche Absicht liegt der Einsetzung des Abendmahls zu Grunde?

Ant. Da dasselbe zum Gedächtnisse des Leidens und Sterbens Jesu Christi ertheilt wird, scheint es eingesetzt zu sein, damit die Mitglieder der Kirche möchten das Werk ihres Erlösers bedenken, um dadurch angeleitet zu werden, demüthiger, getreuer und vereinigter zu sein, und eine größere Fülle Seines Geistes zu empfangen, damit sie mit Ihm Eins werden mögen.

Vierzehntes Kapitel.
Die Kirche Christi.

1. Fr. Wie werden Diejenigen, welche an das Evangelium glauben und dasselbe befolgen, genannt?

Ant. Heilige.

2. Fr. Wie werden dieselben als ein organisirtes Volk geheißen?

Ant. Die Kirche Jesu Christi der Heiligen der letzten Tage.

3. Fr. Sind denn mehrere Kirchen Christi auf Erden?

Ant. Nein. Es kann nur eine sein; und obschon diese eine Kirche viele Zweige haben mag, so müssen dieselben alle einig und Unterthanen eines Hauptes sein.

4. Fr. Ist es recht, wenn irgend ein Zweig der Kirche Christi sich diesen oder jenen Namen, wie z. B. die „Englische Kirche", oder die „Wesleyanische Methodistenkirche", oder die „Neue Con=

nexion Methodistenkirche", oder die „Reformirte Methodistenkirche", oder die „Allgemeine Baptistenkirche", oder die „Partikular=Baptistenkirche" u. s. w. gibt?

Ant. Nein. Es beleidigt Gott, wenn man Seiner Kirche solche und ähnliche Namen gibt, die Er nicht befohlen hat. 1. Kor. 1, 10—13; 3, 3—7.

„Ich ermahne euch aber, liebe Brüder, durch den Namen unseres Herrn Jesu Christi, daß ihr allzumal einerlei Rede führt, und lasset nicht Spaltungen unter euch sein, sondern haltet fest an einander, in einem Sinn und in einerlei Meinung. Denn mir ist vorgekommen, liebe Brüder, durch die aus Cloes Gesinde, von euch, daß Zank unter euch sei. Ich sage aber davon, daß unter euch Einer spricht: Ich bin Paulisch; der Andere: Ich bin Apollisch; der Dritte: Ich bin Kephisch; der Vierte: Ich bin Christisch. Wie? Ist Christus nun getrennet? Ist denn Paulus für euch gekreuziget? Oder seid ihr in Pauli Namen getauft?"

„Dieweil ihr noch fleischlich seid. Denn sintemal Eifer, Zank und Zwietracht unter euch sind, seid ihr denn nicht fleischlich und wandelt nach menschlicher Weise? Denn so Einer sagt: Ich bin Paulisch, der Andere aber: ich bin Apollisch; seid ihr denn nicht fleischlich? Wer ist nun Paulus? Wer ist Apollo? Diener sind sie, durch welche ihr seid gläubig geworden; und dasselbe, wie der Herr einem Jeglichen gegeben hat. Ich habe gepflanzet, Apollo hat begossen; aber Gott hat das Gedeihen gegeben. So ist nun weder der da gepflanzet, noch der da begießet, etwas, sondern Gott, der das Gedeihen gibt."

5. Fr. Sind diese Gesellschaften, welche sich solcher Namen bedienen, Gemeinden der Kirche Christi?

Ant. Nein, denn sie wurden gegründet durch die Weisheit dieser Welt, von Männern, welche nicht von Gott Autorität erhalten hatten.

6. Fr. Warum geben sich solche Gesellschaften, welche angeben, zur Kirche Christi zu gehören, solche Namen?

Ant. Weil die Gründer von diesen Gesellschaften vom Herrn nicht unterwiesen waren und daher Seinen Willen in dieser Beziehung nicht verstanden; in Folge dessen erhielten solche Parteien ihre Namen nach dem Geschmacke ihrer Gründer, ihrer Anhänger, oder nach irgend einer ihrer besonderen Lehren oder den Umständen, welche mit solchen Gesellschaften zusammenhangen.

7. Fr. Sind diese Parteien vereinigt und Unterthanen Eines Hauptes?

Ant. Nein. Sie sind zertheilt und streiten sich untereinander. In der That haben sie sich von einander getheilt, wie z. B. — Die „Reformirte Methodistenkirche" und die „Neue Connexion Methodistenkirche" trennten sich von der „Wesleyanischen Methodistenkirche"; die „Wesleyanische Methodistenkirche" trennte sich von der „Englischen Kirche"; und die „Englische Kirche" trennte sich von der „Römisch=Katholischen Kirche" und so fort, so daß man heutzutage Hunderte solcher Spaltungen wahrnehmen kann.

8. Fr. Wie erscheinen solche Spaltungen und Zertheilungen der Kirche Christi vor den Augen Gottes?

Ant. Judä 16—19.

„Diese murmeln und klagen immerdar, die nach ihren Lüsten wandeln, und ihr Mund redet stolze Worte, und achten das Ansehen der Person um Nutzens willen. Ihr aber, meine Lieben, erinnert euch der Worte, die zuvor gesagt sind von den Aposteln unseres Herrn Jesu Christi; da sie euch sagten, daß zu der letzten Zeit werden Spötter sein, die nach ihren eigenen Lüsten des gottlosen Wesens wandeln. Diese sind, die da Rotten machen, Fleischliche, die da keinen Geist haben."

9. Fr. Wie werden Leute, die sich von der Kirche Christi trennen, geheißen?

Ant. Apostaten, weil sie abfallen von der Wahrheit und Gerechtigkeit.

10. Fr. Sind denn die verschiedenen religiösen Gesellschaften abgefallene Kirchen?

Ant. Nein, denn sie bildeten nie einen Theil der Kirche Jesu Christi der Heiligen der letzten Tage.

11. Fr. Warum heißt man Letztere die Kirche Jesu Christi der Heiligen der letzten Tage?

Ant. Um dieselbe von der Kirche, welche in frühern Tagen existirte, zu unterscheiden, da dieses die letzten Tage sind, in denen wir leben.

12. Fr. Wie wurde dieser Name der Kirche gegeben?

Ant. Durch Offenbarung von Gott, durch Seinen Diener Joseph Smith. Times and Seasons, vol. 6, pag. 9, 22.

„Wahrlich, so spricht der Herr zu dir, mein Diener Joseph Smith, jun., und auch zu meinem Diener Sidney Rigdon, und auch zu meinem Diener Hyrum Smith und euern Rathgebern, die entweder schon bestimmt sind oder bestimmt werden, und auch zu meinem Diener Edward Patridge, und seinen Rathgebern, und auch zu meinen treuen Dienern vom Hohen Rathe meiner Kirche in Zion (denn so soll es geheißen werden), und zu allen Aeltesten und dem Volke meiner Kirche Jesu Christi der Heiligen der letzten Tage, das zerstreut lebt in aller Welt: So soll meine Kirche genannt werden in den letzten Tagen — „Die Kirche Jesu Christi der Heiligen der letzten Tage."

13. Fr. Wie kann die Kirche Christi von anderen religiösen Gesellschaften unterschieden und anerkannt werden?

Ant. Durch verschiedene Kennzeichen, von welchen ihr Priesterthum und ihre Organisation vorerst erwähnt werden mögen; sie wird geleitet durch einen Propheten, welcher direkte Offenbarungen von Gott erhält; sie erfreut sich der Gaben und Segnungen des heiligen Geistes und verspricht dieselben allen Gläubigen; wegen der Reinheit und Richtigkeit ihrer Lehren; ihrer Einigkeit des Geistes; der Sammlung ihrer Mitglieder heraus aus einer verdorbenen Welt; ihr Erbauen von Tempeln, welche dem Herrn geweiht werden, anstatt der Erbauung von Kirchen und Kapellen, welche man anderswo gewissen Männern oder Weibern heiligt; wegen ihren Verfolgungen und weil sie von jeder nur erdenklichen Gesellschaft und allen Völkern unter dem Himmel verlästert wird; und endlich, mögen die Menschen die Kirche Christi erkennen, indem sie deren Lehren befolgen und für sich selbst ein Zeugniß empfangen durch Offenbarung von Gott.

14. Fr. Ist es das Vorrecht eines jeden Menschen, für sich selbst ein Zeugniß von Gott zu erhalten?

Ant. Ja, wenn er es aufrichtig wünscht und im Glauben darnach trachtet. Joh. 7, 17. Jakobi 1, 5—6—7.

„So Jemand will deß Willen thun, der wird inne werden, ob diese Lehre von Gott sei oder ob ich von mir selbst rede."

„So aber Jemand unter euch Weisheit mangelt, der bitte von Gott, der da gibt einfältiglich Jedermann, und rückt es Niemand auf; so wird sie ihm gegeben werden. Er bitte aber im Glauben, und zweifle nicht; denn wer da zweifelt, der ist gleich wie die Meereswoge, die vom Winde getrieben und gewebet wird. Solcher Mensch denke nicht, daß er von dem Herrn etwas empfangen werde."

Fünfzehntes Kapitel.

Die zehn Gebote.

1. Fr. Hat der Herr zur Bestimmung der moralen Grundlage Seines Volkes je Gesetze gegeben?

Ant. Er gab Seinem Volke schon in älteren Zeiten die besonders hervorragenden zehn Gebote.

2. Fr. Hat der Herr diesen zehn Geboten nicht eine besondere Vorrede vorangehen lassen?

Ant. Ja, indem Er erklärt, daß Er der Herr, Gott sei. 2. Mose 20, 2.

„Ich bin der Herr, dein Gott, der dich aus Egyptenland, aus dem Diensthause geführt hat."

3. Fr. Was lehrt uns das *erste* Gebot?

Ant. Daß wir keinem andern Gotte, sondern dem Herrn allein dienen sollen. 2. Mose 20, 3.

„Du sollst keine andern Götter neben mir haben."

4. Fr. Was lehrt uns das *zweite* Gebot?

Ant. Daß wir keinem Bildnisse, auch keinem Gleichnisse irgend welcher Art dienen sollen. 2. Mose 20, 4—6.

„Du sollst dir kein Bildniß noch irgend ein Gleichniß machen, weder deß, das oben im Himmel, noch deß, das unten auf Erden, oder deß, das im Wasser unter der Erde ist. Bete sie nicht an, und diene ihnen nicht. Denn ich, der Herr, dein Gott, bin ein eifriger Gott, der da heimsuchet der Väter Missethat an den Kindern, bis in das dritte und vierte Glied, die mich hassen. Und thue Barmherzigkeit an vielen Tausenden, die mich lieb haben und meine Gebote halten."

5. Fr. Was lehrt uns das *dritte* Gebot?

Ant. Daß wir den Namen des Herrn nicht unnütz nehmen sollen. 2. Mose 20, 7.

„Du sollst den Namen des Herrn, deines Gottes nicht mißbrauchen; denn der Herr wird den nicht ungestraft lassen, der seinen Namen mißbraucht."

6. Fr. Was lehrt uns das *vierte* Gebot?

Ant. Daß wir den Sabbathtag heilig halten sollen. 2. Mose 20, 8—11.

„Gedenke des Sabbathtages, daß du ihn heiligest. Sechs Tage sollst du arbeiten und alle deine Werke thun; aber am siebenten Tage ist der Sabbath des Herrn, deines Gottes. Da sollst du kein Werk thun, noch dein Sohn, noch dein Knecht, noch deine Tochter, noch dein Vieh, noch dein Fremdling, der in deinen Thoren ist. Denn in sechs Tagen hat der Herr Himmel und Erde gemacht, und das Meer, und Alles, was darinnen ist, und ruhete am siebenten Tage. Darum segnete der Herr den Sabbathtag, und heiligte ihn."

7. Fr. Da nun Gott geboten hat, daß der siebente Tag der Woche als Sabbath heilig gehalten werden solle, wie kommt es, daß die Menschen den Sonntag, welches der erste Tag der Woche ist, halten?

Ant. Am ersten Tage der Woche ist der Herr Jesus Christus von den Todten auferstanden und Seinen Jüngern erschienen; und zur Ehre oder zur Erinnerung an die Auferstehung haben seine Bekenner, die Christen, diesen anstatt den siebenten Tag als Sabbath geheiligt. Die Juden aber, welche nicht an Christum glauben, heiligen den siebenten Tag oder den Samstag.

8. Fr. Welchen Tag halten die Heiligen der letzten Tage als Sabbath heilig?

Ant. Den ersten Tag der Woche.

9. Fr. Ist dieses in Uebereinstimmung mit dem Willen des Herrn?

Ant. Ja, es ist der Ausübung der Apostel und Joseph Smith's, des Propheten und den erhaltenen Offenbarungen gemäß. Lehre und Bündnisse 19, 2—3; 22, 4.

„Und daß du dich möchtest noch vollständiger rein halten von der Welt, sollst du gehen zum Hause des Gebetes und deine Spenden darbringen an meinem heiligen Tage; denn wahrlich, dies ist der Tag, für euch zur Ruhe von euern Arbeiten bestimmt und damit ihr eure Verehrung zollet dem Allerhöchsten; trotzdem aber sollen deine Gelübde jeden Tag und zu allen Zeiten in Gerechtigkeit dargebracht werden; bedenke aber, daß an diesem, dem Tage des Herrn, du deine Gaben und heiligen Spenden opfern sollst, und deine Sünden bekennen vor deinen Brüdern und vor dem Herrn. An diesem Tage aber sollst du kein anderes Ding thun, außer daß du deine Nahrung bereiten mögest mit einfältigem Herzen."

„Und die Einwohner Zions sollen auch beobachten den Sabbathtag heilig zu halten."

10. Fr. Was lehrt uns das fünfte Gebot?

Ant. Daß wir unsere Eltern ehren sollen. 2. Mose 20, 12.

„Du sollst deinen Vater und deine Mutter ehren, auf daß du lange lebest im Lande, das dir der Herr, dein Gott, gibt."

11. Fr. Was lehren uns das sechste, siebente und achte Gebot?

Ant. Daß wir nicht tödten, keinen Ehebruch begehen und nicht stehlen sollen. 2. Mose 20, 13—14—15.

„Du sollst nicht tödten."
„Du sollst nicht ehebrechen."
„Du sollst nicht stehlen."

12. Fr. Was lehrt uns das neunte Gebot?
Ant. Daß wir nicht falsches Zeugniß geben sollen. 2. Mose 20, 16.
„Du sollst kein falsches Zeugniß reden wider deinen Nächsten."

13. Fr. Was lehrt uns das zehnte Gebot?
Ant. Daß wir nicht nach irgend etwas, das andern Menschen gehört, gelüsten oder begehren sollen. 2. Mose 20, 17.
„Laß dich nicht gelüsten deines Nächsten Hauses. Laß dich nicht gelüsten deines Nächsten Weibes, noch seines Knechtes, noch seiner Magd, noch seines Ochsen, noch seines Esels, noch Alles, das dein Nächster hat."

14. Fr. In wie viele Hauptgebote hat Jesus Christus diese zehn Gebote zusammengefaßt?
Ant. In zwei — erstlich Gott zu lieben und ferner, unseren Nächsten zu lieben. Math. 22, 36—40.
„Meister, welches ist das vornehmste Gebot im Gesetz? Jesus aber sprach zu ihm: Du sollst lieben Gott, deinen Herrn, von ganzem Herzen, von ganzer Seele und von ganzem Gemüth. Dies ist das vornehmste und größte Gebot. Das andere aber ist dem gleich: Du sollst deinen Nächsten lieben als dich selbst. In diesen zweien Geboten hanget das ganze Gesetz und die Propheten."

15 Fr. Wenn wurden diese zehn Gebote gegeben?
Ant. Vor ungefähr 3300 Jahren.

16. Fr. Welchem Volke wurden sie gegeben?
Ant. An die zwölf Stämme der Kinder Israels, den Nachkommen der zwölf Söhne Jakobs, welcher ein Sohn Isaaks war; Isaak aber war ein Sohn Abrahams, des Vaters aller Gläubigen.

17. Fr. Wer war der Führer der Kinder Israels zu jener Zeit?
Ant. Moses war ihr Führer, ihr Präsident und auch ein Prophet, Seher und Offenbarer.

18. Fr. In welchem Theile der Welt gab Gott die zehn Gebote den Kindern Israels?
Ant. Auf dem Berge Sinai, in Arabien in Asien.

19. Fr. Wie wurden diese zehn Gebote geoffenbart?
Ant. Der Herr kam hernieder auf den Berg Sinai, und gab die Gebote zu Moses und den Kindern Israels.

20. Fr. Gab Gott irgend welche besondere Kundgebungen von Seiner Macht bei dieser Gelegenheit?

Ant. Ja. Er kam hernieder vom Himmel in Feuer und Rauch, und es donnerte und blitzte und die Erde bebte und der Schall von Posaunen wurde gehört. 2. Mose 19, 16—18; 20, 18—19.

„Als nun der dritte Tag kam, und Morgen war, da erhob sich ein Donnern und Blitzen, und eine dicke Wolke auf dem Berge, und ein Ton einer sehr starken Posaune; das ganze Volk aber, das im Lager war, erschrack..... Der ganze Berg Sinai aber rauchte darum, daß der Herr herab auf den Berg fuhr mit Feuer; und sein Rauch ging auf, wie ein Rauch vom Ofen, daß der ganze Berg sehr bebete."

„Und alles Volk sahe den Donner und Blitz, und den Ton der Posaune und den Berg rauchen. Da sie aber solches sahen, flohen sie, und traten von ferne, und sprachen zu Mose: Rede du mit uns, wir wollen gehorchen; und laß Gott nicht mit uns reden, wir möchten sonst sterben."

21. Fr. Als die Kinder Israels sagten, sie wünschen, daß Gott nicht mit ihnen, sondern mit Moses sprechen möchte, was geschah?

Ant. Der Herr befahl ihnen durch Moses, wieder zu ihren Zelten zurückzukehren. Moses aber sollte vor den Herrn kommen, um weitere Gesetze, Gebote und Rechte zu empfangen. 5. Mose 5, 28—30—31.

„Da aber der Herr eure Worte hörte, die ihr mit mir redetet, sprach er zu mir: Ich habe gehört die Worte dieses Volkes, die sie mit dir geredet haben.... Gehe hin, und sage ihnen: Gehet heim in eure Hütten. Du aber sollst hier vor mir stehen, daß ich mit dir rede alle Gesetze und Gebote und Rechte, die du sie lehren sollst, daß sie darnach thun im Lande, das ich ihnen geben werde einzunehmen."

22. Fr. Gab Gott diese zehn Gebote auf irgend einem andern Wege, während Moses auf dem Berge war?

Ant. Gott schrieb dieselben auf zwei steinerne Tafeln und gab sie dem Moses, auf daß er das Volk lehre. 5. Mose 5, 22; 9, 10.

„Und schrieb sie auf zwei steinerne Tafeln und gab sie mir."

„Und mir der Herr die zwei steinernen Tafeln gab, mit dem Finger Gottes beschrieben, und darauf alle Worte, die der Herr mit euch aus dem Feuer auf dem Berge geredet hatte, am Tage der Versammlung."

23. Fr. Was that Moses dann?

Ant. Er stieg hernieder vom Berge mit den steinernen Tafeln und fand, daß die Kinder Israels während seiner Abwesenheit sich ein goldenes Kalb gemacht hatten; welches sie anbeteten; da wurde er zornig und zerbrach die beiden Tafeln. 5. Mose 9, 15—17.

„Und als ich mich wandte, und von dem Berge ging, der mit Feuer brannte, und die zwei Tafeln des Bundes auf meinen beiden Händen hatte, da sahe ich, und siehe, da hattet ihr euch an dem Herrn, eurem Gott, versündiget, daß ihr euch ein gegossenes Kalb gemacht, und bald von dem Wege getreten waret, den euch der Herr geboten hatte. Da fassete ich die beiden Tafeln, und warf sie aus beiden Händen, und zerbrach sie vor euren Augen."

24. Fr. Erhielt Moses dann andere Tafeln?

Ant. Ja. Auf den Befehl Gottes machte Moses zwei andere Tafeln und trug sie auf den Berg; und Gott schrieb die Gebote darauf, wie auf den andern Tafeln. 5. Mose 10, 1—5.

„Zu derselben Zeit sprach der Herr zu mir: Haue dir zwei steinerne Tafeln, wie die ersten, und komm zu mir auf den Berg, und mache dir eine hölzerne Lade; so will ich auf die Tafeln schreiben die Worte, die auf den ersten waren, die du zerbrochen hast, und sollst sie in die Lade legen. Also machte ich eine Lade von Föhrenholz, und hieb zwei steinerne Tafeln, wie die ersten waren, und ging auf den Berg, und hatte die zwei Tafeln in meinen Händen. Da schrieb er auf die Tafeln, wie die erste Schrift war, die zehn Worte, die der Herr zu euch redete aus dem Feuer, auf dem Berge, zur Zeit der Versammlung; und der Herr gab sie mir. Und ich wandte mich, und ging vom Berge, und legte die Tafeln in die Lade, die ich gemacht hatte, daß sie daselbst wären, wie mir der Herr geboten hatte."

Sechszehntes Kapitel.

Wort der Weisheit.

1. Fr. Hat Gott in diesen letzten Tagen zum Schutze des Lebens und der Gesundheit Seiner Kinder irgendwelche besondere Offenbarung gegeben?

Ant. Ja. Er gab in Betreff dessen an Joseph Smith eine Offenbarung.

2. Fr. Wie wird diese Offenbarung genannt?
Ant. Ein Wort der Weisheit.

3. Fr. Wann wurde diese Offenbarung gegeben?
Ant. Am 27. Februar 1833.

4 Fr. Wo kann dieses Wort der Weisheit gefunden werden?

Ant. Im Buche der Lehre und Bündnisse in dem 81. Abschnitt, Seite 266.

5. Fr. Um welcher Ursache willen wurde das Wort der Weisheit gegeben?

Ant. Um den bösen Absichten in den Herzen der Gottlosen zu begegnen.

6 Fr. Was lehrt uns die Ueberschrift des Wortes der Weisheit?

Ant. Daß dasselbe nicht auf dem Wege eines Befehles, sondern um den Willen Gottes zu zeigen, gegeben wurde; ferner, daß die darin enthaltenen Belehrungen allen Heiligen, ob jung oder alt, männlich oder weiblich, ohne Unterschied, angemessen seien. Lehre und Bündnisse 81.

„Ein Wort der Weisheit, zum Nutzen des Rathes der Hohenpriester, welche in Kirtland versammelt sind, und der Kirche, und auch für die Heiligen in Zion: Gesandt zu werden zum Grüße — nicht als ein Gebot oder Zwang, sondern als eine Offenbarung, und ein Wort der Weisheit, indem es die Ordnung und den Willen Gottes, in Bezug auf die zeitliche Seligkeit aller Heiligen in den letzten Tagen zeigt. Gegeben als ein Prinzip mit einer Verheißung, und den Fähigkeiten der schwachen und schwächsten aller Heiligen angemessen, welche Heilige genannt werden, oder genannt werden können."

7. Fr. Was lehrt uns der erste Vers oder Paragraph des Wortes der Weisheit?

Ant. Daß es nicht gut sei, Wein oder starke Getränke zu trinken, ausgenommen im Genießen des Abendmahls des Herrn; und dann soll es Wein sein, welcher von den Heiligen bereitet wurde; ferner, daß es nicht gut sei, heiße Getränke zu trinken, oder Tabak zu kauen oder zu rauchen; endlich, daß starke Getränke zum Waschen des Körpers, und Tabak ein Heilmittel für Quetschungen und krankes Vieh sei. Lehre und Bündnisse 81, 1.

„Sehet, wahrlich, so spricht der Herr zu euch, in Folge von bösen Absichten, welche jetzt und in Zukunft in den Herzen feindseliger Menschen, in den letzten Tagen sind und sein werden, habe ich euch gewarnt und vorhergewarnt, indem ich durch Offenbarung euch dieses Wort der Weisheit gebe, insofern Jemand unter euch Wein oder starke Getränke trinkt, seht, es ist nicht gut, auch nicht angenehm, vor dem Angesichte eures Vaters, ausgenommen, es sei in euren Versammlungen, wenn ihr zusammengekommen seid, um das Abendmahl vor ihm zu genießen. Und seht, dieses muß Wein sein, ja, reiner Wein von den Trauben des Weinstocks, den ihr selbst bereitet habt. Und wiederum, starke Getränke sind nicht für den Bauch, sondern zum Waschen eurer Körper. Und ferner, Tabak ist nicht für den Körper, auch nicht für den Bauch und ist nicht gut für den Menschen, sondern ist eine Arznei für Quetschungen und alles kranke Vieh, um mit Verstand und Geschicklichkeit gebraucht zu werden. Und wiederum, heiße Getränke sind nicht gut, weder für den Körper, noch für den Bauch."

8. Fr. Was lehrt uns der zweite Paragraph des Wortes der Weisheit?

Ant. Daß Gewächse und Früchte, sowie Getreide, Thiere und Geflügel, zur Nahrung der Menschen seien; daß aber Fleisch nicht von den Menschen genossen werden solle, ausgenommen zur Zeit des Winters und der Kälte, oder in Hungersnoth. Lehre und Bündnisse 81, 2.

„Und wiederum sage ich euch, daß alle nützlichen Pflanzen Gott für die Leibesbeschaffenheit, Natur und den Gebrauch der Menschen bestimmt hat. Jedes Kraut zu seiner Zeit und jede Frucht zu ihrer Zeit; alle diese aber sollten mit Klugheit und Danksagung gebraucht werden Ja, auch das Fleisch der Thiere und das Geflügel der Luft habe ich, der Herr, zum Gebrauche der Menschen bestimmt, um mit Danksagung gebraucht zu werden; indessen sollte dasselbe mit Sparsamkeit gebraucht werden und es ist mir angenehm, insofern dasselbe nur zur Zeit des Winters, der Kälte oder der Hungersnoth gebraucht werde. Alles Getreide ist zum Gebrauche des Menschen und der Thiere verordnet, als ein Hauptnahrungsmittel; nicht für den Menschen allein, sondern für die Thiere des Feldes, die Vögel des Himmels und alle wilden Thiere, welche auf Erden kriechen oder laufen. Und diese hat Gott dem Menschen zum Gebrauche gemacht, doch nur für Zeiten der Hungersnoth."

9. Fr. Was lehrt uns der dritte Paragraph des Wortes der Weisheit?

Ant. Daß alles Getreide für die Menschen gut sei, besonders aber der Weizen für die Menschen, Mais für die Ochsen, Haber für die Pferde, Roggen für das Geflügel und die Thiere, Gerste für die nützlichen Thiere und zu milden Getränken für die Menschen.

10. Fr. Was lehrt uns derselbe Paragraph weiter?

Ant. Daß diejenigen, welche dieses Wort der Weisheit, nebst den übrigen Befehlen des Herrn, halten, sollen Gesundheit des Körpers, große Weisheit und Erkenntniß empfangen, und daß sie vor dem Engel des Verderbens, wenn er ausgehet, die Gottlosen zu schlagen, beschützt sein sollen. Lehre und Bündnisse 81, 3.

„Alles Getreide ist gut zur Nahrung des Menschen, wie auch Pflanzenfrüchte, welche Frucht im Boden oder über dem Boden tragen. Jedoch Weizen für den Menschen, Mais für den Ochsen, Hafer für das

Pferd und Roggen für das Geflügel, Schweine und alle Thiere des Feldes, und Gerste für alle nützlichen Thiere und für milde Getränke, sowie auch andere Getreide. Und alle Heiligen, welche sich dieser Reden erinnern und dieselben halten, und nach meinen Geboten wandeln, sollen Gesundheit empfangen in ihrem Nabel, und Mark in ihren Knochen, und sollen Weisheit und große Schätze der Erkenntniß finden, ja selbst verborgene Schätze, und sie sollen rennen und nicht müde werden, laufen und nicht schwach werden. Und ich, der Herr, gebe ihnen eine Verheißung, daß der zerstörende Engel an ihnen, wie an den Kindern Israels vor= übergehen und sie nicht erschlagen soll. Amen."

11. Fr. Warum ist es nicht gut, Wein oder starke Getränke zu trinken?

Ant. Deshalb, weil dieselben den Menschen unnatürlich auf= regen, den Magen erhitzen, den Appetit verkehren und von der regelmäßigen Ordnung ableiten, und das ganze System des Menschen verwirren.

12. Fr. Warum sind heiße Getränke den Menschen nicht gut?

Ant. Weil dieselben den Magen, sowie auch den ganzen Körper, erschlaffen und schwächen.

13. Fr. Warum ist es nicht gut, Tabak zu rauchen oder zu kauen?

Ant. Darum, weil solche Gewohnheiten sehr unanständig sind, weil Tabak giftiger Natur ist, und dessen Gebrauch den Menschen erniedrigt.

14. Fr. Warum sollen die Menschen nur im Winter und zu den Zeiten von Hungersnoth Fleisch essen, und nicht ebenso= wohl auch zu den andern Zeiten?

Ant. Fleisch ist für das menschliche System erhitzend, daher ist es nicht gut, im Sommer Fleisch zu essen; aber der Herr erlaubt seinem Volke, im Winter und in Hungersnoth es zu genießen, weil alle Thiere dennoch auf natürlichem Wege dem Tode unterliegen, wenn sie denselben nicht durch die Hand der Menschen erleiden.

15. Fr. Da der Herr nun so gut war, um zum Heile Seines Volkes dieses Wort der Weisheit zu geben, was muß Er von Denjenigen halten, welche dasselbe mit Verachtung oder Gleich= gültigkeit behandeln?

Ant. Daß Solche Seinen Rath verachten, oder wenigstens nicht schätzen, wie sie sollten.

Siebenzehntes Kapitel.

Priesterthum — Organisation der Kirche.

1. Fr. Durch wen wird die Kirche Christi regiert?
Ant. Durch das heilige Priesterthum.

2. Fr. In wie viele Hauptabtheilungen unterscheidet sich das heilige Priesterthum?
Ant. In zwei — das Priesterthum Melchisedeks, welches das höhere ist; dann in das Priesterthum Aarons, das niederere.

3. Fr. Warum wird das höhere Priesterthum das Priesterthum Melchisedeks genannt?
Ant. Weil Melchisedek ein solch großer Hoherpriester war; und um den zu öftern Gebrauch des Namens des Sohnes Gottes, nach dessen Namen man dieses Priesterthum nannte, zu vermeiden. Lehre und Bündnisse 3, 1.

„Warum das Erstere das Priesterthum Melchisedeks genannt wird, geschieht deshalb, weil Melchisedek solch ein großer Hoherpriester war. Vor seiner Zeit wurde das heilige Priesterthum nach der Ordnung des Sohnes Gottes genannt; aber aus Ehrfurcht vor dem Namen des höchsten Wesens benannte die Kirche in der alten Zeit, um eine zu häufige Wiederholung seines Namens zu vermeiden, jenes Priesterthum nach Melchisedek — das Priesterthum Melchisedeks."

4. Fr. Welche Gewalt und Vollmacht gehört dem Priesterthum Melchisedeks?
Ant. Das Recht der Präsidentschaft zu halten, die Offenbarungen vom Himmel zur Leitung der Kirche zu empfangen, und die Schlüssel zu allen ihren geistigen Segnungen inne zu haben. Lehre und Bündnisse 3, 3—9.

„Das Melchisedekpriesterthum besitzt das Recht des Vorsitzes und hat Kraft und Vollmacht über alle Aemter in der Kirche in allen Zeitaltern der Welt, um alle geistlichen Angelegenheiten zu verwalten.... Die Gewalt und Vollmacht des höhern oder Melchisedekpriesterthums besteht darin, daß sie die Schlüssel zu allen geistigen Segnungen der Kirche besitzt — das Vorrecht hat, die Geheimnisse des Himmels zu empfangen, die Himmel für sich offen zu haben, mit der allgemeinen Versammlung und Kirche des Erstgebornen zu verkehren, und sich der

Gemeinschaft und Gegenwart Gottes, des Vaters, und Jesu, des Mittlers im neuen Bunde zu erfreuen."

5. Fr. Welche Gewalt und Vollmacht gehört dem aaronischen Priesterthum?

Ant. Die Schlüssel des Verkehrs mit Engeln zu halten, und in äußern Ordonnanzen zu dienen. Lehre und Bündnisse 3, 10.

„Die Gewalt und Vollmacht des geringeren oder aaronischen Priesterthums besteht in dem Besitze der Schlüssel der Erscheinung von Engeln, in der Verwaltung äußerer Verordnungen, des Buchstabens des Evangeliums — der Taufe, der Buße zur Vergebung der Sünden, den Bündnissen und Geboten gemäß."

6. Fr. Warum wird dieses Priesterthum das **niedere** Priesterthum genannt?

Ant. Weil dasselbe zu dem Priesterthum Melchisedeks einen Anhang oder eine Zugabe bildet. Lehre und Bündnisse 3, 8.

„Daß es das geringere Priesterthum genannt wird, geschieht deshalb, weil es eine Zugabe zum größeren, oder Melchisedekpriesterthum ist, und nur Vollmacht hat, in äußeren Verordnungen zu amtiren."

7. Fr. Warum heißt das niedere Priesterthum das aaronische Priesterthum?

Ant. Es wird das aaronische Priesterthum genannt, weil dasselbe auf Aaron und seine Nachkommen auf immer bestätigt wurde. Lehre und Bündnisse 3, 8.

„Das zweite Priesterthum wird nach Aaron genannt, weil es auf Aaron und seinen Namen übertragen wurde, durch alle ihre Geschlechter."

8. Fr. Warum wurde dieses Priesterthum das levitische Priesterthum genannt?

Ant. Weil der Herr den Stamm Levi von den Kindern Israels erwählte, daß derselbe dem Aaron und seinen Söhnen gegeben werde, um in den äußern Ordonnanzen des Hauses des Herrn zu dienen. 4. Mose 3, 5—9.

„Und der Herr redete mit Mose und sprach: Bringe den Stamm Levi herzu, und stelle sie vor den Priester Aaron, daß sie ihm dienen, und seiner und der ganzen Gemeinde Hut warten, vor der Hütte des Stifts, und dienen am Dienst der Wohnung, und warten alles Geräthes der Hütte des Stifts, und der Hut der Kinder Israels, zu dienen am Dienst der Wohnung. Und sollst die Leviten Aaron und seinen Söhnen zuordnen zum Geschenk von den Kindern Israels."

9. Fr. Warum erwählte der Herr die Leviten, um vor Ihm zu dienen?

Ant. Er erwählte die Leviten, um vor Ihm zu dienen, an Statt der Erstgebornen unter den Kindern Israels, denn Er hatte vorher die Erstgebornen in Israel zu diesem Zwecke erwählt gehabt. 4. Mose 3, 11—13.

„Und der Herr redete mit Mose, und sprach: Siehe, ich habe die Leviten genommen unter den Kindern Israels, für alle Erstgeburt, die die Mutter brechen, unter den Kindern Israels, also, daß die Leviten sollen mein sein. Denn die Erstgeburten sind mein, seit der Zeit ich alle Erstgeburt schlug in Egyptenland; da heiligte ich mir alle Erstgeburt in Israel, vom Menschen an bis auf das Vieh, daß sie mein sein sollten, ich der Herr."

10. Fr. Welche Aemter umfaßt das Priesterthum Melchisedeks?

Ant. Diejenigen der Apostel, Siebenziger, Patriarchen oder Evangelisten, Hohepriester und Aeltesten.

11. Fr. Welches sind die Pflichten eines Apostels?

Ant. Ein besonderer Zeuge zu sein von dem Namen Christi, die Kirche aufzubauen, zu organisiren und darüber präsidiren und in allen den Segnungen und Ordnungen derselben zu dienen.

12. Fr. Welches sind die Pflichten eines Patriarchen?

Ant. Es ist die Pflicht eines Patriarchen, die Vaterlosen in der Kirche zu segnen, ihnen voraussagend, was über sie und ihre Kinder kommen soll. Er haltet zugleich auch Vollmacht, in den übrigen Ordonnanzen der Kirche zu handeln. Lehre und Bündnisse 103, 38.

„Ein Patriarch zu sein, die siegelnden Segnungen meiner Kirche zu ertheilen, selbst den heiligen Geist der Verheißung, wodurch ihr versiegelt werdet zum Tage der Erlösung, daß ihr nicht fallen möget, ungeachtet der Stunde der Versuchung, welche über euch kommen möge."

13. Fr. Warum segnet der Patriarch die Heiligen?

Ant. Damit sie der zu erlangenden Segnungen gedenken und im Streben nach denselben zum beständigen Glauben und Fleiß angespornt werden, damit sie auf diese Weise ausharren bis an's Ende und so der Erfüllung der Verheißungen des Herrn sich erfreuen mögen.

14. Fr. Welches sind die Pflichten eines Siebenzigers?

Ant. In alle Welt zu gehen, um das Evangelium zu predigen und dessen Ordonnanzen zu handhaben. Lehre und Bündnisse 3, 13, 43.

„Die Siebenziger sollen arbeiten im Namen des Herrn unter der Leitung der Zwölfe, oder des reisenden hohen Rathes, um die Kirche aufzubauen und alle Angelegenheiten derselben zu leiten, unter allen Völkern — zuerst bei den Heiden und dann bei den Juden; die Zwölfe sind ausgesandt im Besitze der Schlüssel zum Oeffnen der Thüre, durch die Verkündigung des Evangeliums Jesu Christi — zuerst zu den Heiden und dann zu den Juden. . . . Und diese Siebenziger sollen reisende Prediger sein, zuerst den Heiden und auch den Juden; während andere Beamte der Kirche, welche nicht zu den Zwölfen, noch den Siebenzigern gehören, nicht unter der Verantwortlichkeit sind, unter allen Nationen zu reisen, sondern es thun sollen, wie es ihre Umstände erlauben. Nichtsdestoweniger können sie gerade so hohe und verantwortliche Stellen in der Kirche einnehmen."

15. Fr. Welches sind die Pflichten eines Hohepriesters?

Ant. In den Ordonnanzen und Segnungen der Kirche zu handeln, seine besondere Pflicht aber ist, zu präsidiren. Lehre und Bündnisse 3, 5; 103, 42.

„Hohepriester nach der Ordnung des Priesterthums Melchisedeks haben ein Recht, in ihrem eigenen Stande unter der Anleitung der Präsidentschaft, in geistlichen Angelegenheiten zu amtiren, aber auch in dem Amte eines Priesters (nach der levitischen Ordnung), eines Lehrers, Dieners oder Mitgliedes."

„Welche als ständige Präsidenten oder Diener über verschiedene auswärts zerstreute Pfähle ernannt werden sollen, und sie können auch reisen, wenn sie wünschen. Doch eher sollten sie zu ständigen Präsidenten geweiht werden, denn dies ist die Pflicht ihres Berufes, spricht der Herr euer Gott."

16. Fr. Wie werden alle die Beamten vom Priesterthum Melchisedeks genannt?

Ant. Aelteste.

17. Fr. Welches sind die Pflichten eines Aeltesten?

Ant. Zu predigen und zu taufen; andere Aelteste und auch Priester, Lehrer und Diakonen zu weihen; das Abendmahl des Herrn zu ertheilen; die Hände anzulegen und in allen Versammlungen die Leitung zu übernehmen. Lehre und Bündnisse 2, 8—9—19; 3, 6—7.

„Es ist seinem Berufe gemäß, zu taufen und andere Aelteste, Priester, Lehrer und Diener zu weihen, und das Brot und den Wein auszutheilen — die Sinnbilder des Fleisches und Blutes Christi — und jene, welche durch die Taufe in die Kirche gekommen sind, der Schrift gemäß zu konfirmiren, durch das Auflegen der Hände, zur Taufe mit Feuer und dem heiligen Geist; und zu lehren, auseinander zu setzen, zu ermahnen, zu taufen und über die Kirche zu wachen; und die Kirche zu konfirmiren durch das Auflegen der Hände und die Gabe des heiligen Geistes, und den Vorsitz in allen Versammlungen zu haben. Die Aeltesten sollen die Versammlungen leiten, wie sie vom heiligen Geiste geführt werden, nach den Geboten und Offenbarungen Gottes . . . . . Jedes Mitglied der Kirche Christi, das Kinder hat, soll sie zu den Aeltesten vor die Gemeinde bringen, welche die Hände auf sie im Namen Jesu Christi legen und sie in seinem Namen segnen sollen."

„Wenn der Hohepriester nicht gegenwärtig ist, hat ein Aeltester das Recht, an seiner Stelle zu amtiren. Der Hohepriester und Aelteste sollen in geistlichen Angelegenheiten amtiren, übereinstimmend mit den Bündnissen und Geboten der Kirche; und sie haben das Recht, alle diese Aemter der Kirche zu versehen, wenn keine höheren Autoritäten gegenwärtig sind."

18. Fr. Welche Aemter umfaßt das aaronische Priesterthum?

Ant. Diejenigen eines Bischofs, Priesters, Lehrers und Diakonen.

19. Fr. Welches sind die Pflichten eines Bischofs?

Ant. Ueber alle die niederen Aemter des aaronischen Priesterthums zu präsidiren, die äußern Ordonnanzen zu handhaben, die zeitlichen Geschäfte der Kirche zu leiten, und über die Uebertreter ein Richter zu sein. Lehre und Bündnisse 3, 32—33.

„Denn das Amt eines Bischofs besteht in der Verwaltung aller zeitlichen Dinge . . . und auch ein Richter in Israel zu sein, die Geschäfte der Kirche zu besorgen, im Gericht zu sitzen gegen Uebertreter, und nach dem Zeugnisse, das den Gesetzen gemäß vor ihn gelegt werden wird, mit dem Beistande seiner Räthe, welche er erwählt hat, oder aus den Aeltesten der Kirche erwählen wird, zu urtheilen . . . . So soll er ein Richter sein, selbst ein gewöhnlicher Richter unter den Einwohnern Zions, oder in einem Pfahle Zions, oder in irgend einem Zweige der Kirche, wo er eingesetzt werden wird für dieses Amt."

20. Fr. Welches sind die Pflichten eines Priesters?

Ant. Zu predigen, zu taufen, das Abendmahl des Herrn zu ertheilen, und die Heiligen zu besuchen und sie zu ermahnen. Lehre und Bündnisse 2, 10.

„Die Pflicht der Priester ist zu predigen, zu lehren, auseinanderzusetzen, zu ermahnen, zu taufen und das Abendmahl auszutheilen und das Haus jedes Mitgliedes zu besuchen und zu ermahnen, mündlich und im Stillen zu beten und auf alle Familienpflichten Acht zu haben. In allen diesen Pflichten sollte der Priester den Aeltesten beistehen, wenn die Gelegenheit es verlangt."

21. Fr. Welches sind die Pflichten der Lehrer und Diakonen?

Ant. Die Pflichten eines Lehrers sind, über die Kirche zu wachen und sie zu stärken und zu sehen, daß die Heiligen in Liebe und Einigkeit leben und ihre Pflichten erfüllen. Die Pflichten eines Diakonen sind, den Lehrer in seinen Pflichten zu unterstützen und der Heiligen zu warten. Lehre und Bündnisse 2, 11.

„Die Pflicht des Lehrers ist, immer über der Kirche zu wachen, mit den Mitgliedern derselben zu sein, sie zu stärken und zu sehen, daß weder Gottlosigkeit — noch Schwierigkeiten mit einander — noch Lügen, Verleumden und Uebelreden in der Kirche herrschen; auch zu sehen, daß die Kirche sich oft versammelt, und daß alle Mitglieder ihre Pflicht thun. Er soll die Leitungen der Versammlungen in der Abwesenheit des Aeltesten oder Priesters nehmen und, wenn nothwendig, in allen seinen Pflichten von den Dienern unterstützt werden; doch weder Lehrer noch Diener haben die Vollmacht zu taufen, das Abendmahl auszutheilen, oder Hände aufzulegen; hingegen ist es ihre Pflicht zu warnen, auszulegen, zu ermahnen und Alle einzuladen zu Christo zu kommen."

22. Fr. Auf welche Weise wird das Priesterthum auf andere Menschen übertragen?

Ant. Durch Weihe.

23. Fr. Wie geschieht die Weihe?

Ant. Diejenigen, welche das Priesterthum halten, weihen Andere dazu, nach den Gaben und der Berufung Gottes an sie; und sie werden geweiht durch die Macht des heiligen Geistes, durch das Auflegen der Hände. Lehre und Bündnisse 2, 12. Buch Mormon, Moroni 3, 1.

„Jeder Aelteste, Priester, Lehrer oder Diener soll geweiht werden nach den Gaben und Berufungen des Herrn an ihn; und er soll geweiht werden durch die Macht des heiligen Geistes, welche in Demjenigen ist, der ihn weiht."

„Die Weise, wie die Jünger, welche die Aeltesten der Kirche genannt wurden, Priester und Lehrer weihten. Nachdem sie zum Vater im Namen Christi gebetet hatten, legten sie ihnen die Hände auf und sagten: Im Namen Jesu Christi weihe ich dich zum Priester (oder wenn es ein Lehrer war zum Lehrer), um Buße und die Vergebung der Sünden durch

Christum zu predigen, mit Beständigkeit im Glauben an seinen Namen bis an's Ende. Amen. Und auf diese Weise weihten sie Priester und Lehrer, nach den Gaben und dem Berufe Gottes an die Menschen; und sie weihten sie durch die Macht des heiligen Geistes, welcher in ihnen war."

24. Fr. Kann irgend ein Mann sich selbst das Priesterthum nehmen?

Ant. Nein. Niemand kann das Priesterthum halten, ausgenommen, er sei von Gott dazu berufen, durch Jemanden, der das Priesterthum haltet. Hebräer 5, 4. Lehre und Bündnisse 13, 4.

„Und Niemand nimmt ihm selbst die Ehre; sondern der auch berufen sei von Gott, gleichwie Aaron."

„Wiederum sage ich euch, daß es Niemanden zugetheilt sein soll, mein Evangelium zu predigen oder meine Kirche aufzubauen, er sei denn von Jemandem ordinirt, der die Autorität hat, und der der Kirche als Einer, der Autorität hat, bekannt ist, und ordnungsgemäß von den Häuptern der Kirche ordinirt worden ist."

25. Fr. Von woher wurde das heilige Priesterthum zuerst gegeben?

Ant. Direkt vom Himmel.

26. Fr. Ist mit der Weihe oder Ordination irgend ein allgemeines Prinzip verbunden?

Ant. Ja. Jeder Mann, welcher ein Amt des Priesterthums haltet, kann auch Andere zu demselben oder einem niederen Amte, nicht aber zu einem höheren, weihen.

27. Fr. Ist auch mit dem Dienste in den Aemtern des Priesterthums irgend ein allgemeines Prinzip verbunden?

Ant. Ja. Ein Mann, der ein Amt des Priesterthums haltet, kann in seinem eigenen, oder in irgend einem niederern Amte des Priesterthums, nicht aber in einem höheren, dienen.

28. Fr. Sind die verschiedenen Aemter des Priesterthums besonders organisirt?

Ant. Ja. Sie sind als verschiedene Kollegien (Quorums) organisirt, um mit Erfolg und in geregelter Uebereinstimmung die Erfüllung ihrer Pflichten in der Kirche zu erzwecken.

29. Fr. Welches sind die verschiedenen Kollegien in der Kirche?

Ant. Die erste Präsidentschaft, die zwölf Apostel, der hohe Rath, die Siebenziger, die Hohenpriester, die Aeltesten, die Priester, die Lehrer und Diakonen.

30. Fr. Was ist die erste Präsidentschaft?

Ant. Drei von Denen, welche das Hohepriesterthum und Apostel= amt halten, Erwählte, um über die ganze Kirche zu präsidiren und deren Angelegenheiten zu leiten. Dieses Kollegium besteht aus einem Präsidenten vom Amte des Hohen Priesterthums und zwei Räthen. Die Pflicht des Präsidenten ist, über die ganze Kirche zu präsi= diren, ein Seher, Offenbarer, Uebersetzer und ein Prophet zu sein. Lehre und Bündnisse 3, 11—42.

„In dem Melchisedekpriesterthum bilden drei vorsitzende Hohepriester, von der Körperschaft gewählt, bestimmt und ordinirt zu dem Amte, und unterstützt durch das Vertrauen, den Glauben und das Gebet der Kirche, ein Kollegium der Präsidentschaft der Kirche.... Und wiederum, die Pflicht des Präsidenten über das Amt der Hohepriesterschaft ist, der ganzen Kirche vorzustehen und gleichwie Moses zu sein; ja ein Seher, Offenbarer, Uebersetzer und Prophet zu sein, im Besitze aller Gaben Gottes, welche er der Kirche verleihet."

31. Fr. Wer war der erste Präsident der Kirche?

Ant. Joseph Smith, der Prophet.

32. Fr. Wer waren seine Räthe?

Ant. Sidney Rigdon und Friedrich G. Williams. Der Letztere wurde entlassen und an seine Stelle Hyrum Smith berufen, welcher darin verblieb, bis er zum präsidirenden Patriarchen geweiht wurde, worauf, um seinen Platz zu füllen, William Law als Rath ernannt ward, der dann abfiel.

33. Fr. Wer bildet gegenwärtig die erste Präsidentschaft der Kirche?

Ant. Wilford Woodruff, Präsident; Georg Q. Cannon, Joseph F. Smith, Räthe.

34. Fr. Wer ist der präsidirende Patriarch?

Ant. John Smith, der älteste Sohn von Hyrum Smith, dem Patriarchen.

35. Fr. Was sind die zwölf Apostel?

Ant. Sie sind als ein reisender und präsidirender hoher Rath organisirt, die Kirche aufzubauen und deren Geschäfte zu ordnen, in aller Welt, unter der Direction der ersten Präsidentschaft der Kirche. Lehre und Bündnisse 3, 11—12—17.

„Die zwölf reisenden Räthe sind berufen als die zwölf Apostel, oder besonderen Zeugen des Namens Christi in der ganzen Welt; somit sich von andern Beamten der Kirche, durch die Pflichten ihrer Berufung unterscheidend.... Die Zwölfe sind ein reisender, vorsitzender, hoher Rath, zu amtiren im Namen des Herrn unter der Anleitung der Präsidentschaft der Kirche, der Einrichtung des Himmels gemäß, um die Kirche aufzubauen und alle Angelegenheiten derselben unter allen Nationen zu ordnen, zuerst bei den Heiden und dann bei den Juden.... Es ist die Pflicht der Zwölfe, in allen großen Zweigen der Kirche Evangelisten zu weihen, wie sie ihnen angezeigt werden sollen durch Offenbarung."

36. Fr. Aus wem besteht gegenwärtig das Kollegium der zwölf Apostel?

Ant. Aus Lorenzo Snow, Präsident; Franklin D. Richards, Brigham Young, Moses Tatscher, Francis Marion Lyman, John Henry Smith, George Teasdel, Heber J. Grant, J. W. Taylor, Marriner W. Merill, Anton H. Lund und Abraham H. Cannon.

37. Fr. Worin besteht der hohe Rath und welches sind dessen Pflichten?

Ant. Der hohe Rath besteht aus zwölf Hohepriestern und ist es deren Berufung, wichtige Schwierigkeiten, welche in der Kirche entstehen möchten, zu ordnen. Lehre und Bündnisse 5, 1.

„Der hohe Rath wurde durch Offenbarung verordnet, um wichtige Schwierigkeiten, welche in der Kirche entstehen möchten und nicht durch die Kirche oder den Bischofsrath, zur Befriedigung der Parteien, geschlichtet werden können, in Ordnung zu bringen."

38. Fr. Wie sind die Siebenziger organisirt?

Ant. In Kollegien von je siebenzig Aeltesten, von welcher Zahl sieben erwählt sind, um zu präsidiren. Die sieben Präsidenten des ersten Kollegiums der Siebenziger präsidiren über alle Kollegien. Lehre und Bündnisse 3, 43.

„Und es ist nach dem Gesichte, welches die Ordnung der Siebenziger zeigt, daß sie sieben, aus der Anzahl der siebenzig, gewählte Präsidenten haben sollen, ihnen vorzustehen; und der siebente Präsident dieser Präsidenten soll über die sechs präsidiren; und diese sieben Präsidenten sollen andere siebenzig, außer den ersten siebenzig, zu denen sie gehören, erwählen und ihnen vorstehen; und auch andere siebenzig, bis siebenmal siebenzig, sollte die Arbeit im Weinberge es nothwendig machen."

39. Fr. Wer sind die sieben Präsidenten des ersten Kollegiums der Siebenziger?

Ant. Seymour B. Young, C. D. Fjeldsted, John Morgan, B. H. Roberts, George Reinolds, Johnathan G. Kimbal.

40. Fr. Bilden die Aeltesten, Priester, Lehrer und Diakonen eigene Kollegien, mit deren respektiven Präsidentschaften?

Ant. Ja, die Mitglieder eines jeden dieser Aemter bilden je ein eigenes Kollegium, welches einen Präsidenten mit seinen zwei Räthen hat.

41. Fr. Was ist die Präsidentschaft des aaronischen Priesterthums?

Ant. Das Bischofsamt. Lehre und Bündnisse 3, 8.

„Das bischöfliche Amt ist die Präsidentschaft dieses Priesterthums, und besitzt die Schlüssel oder oberste Vollmacht desselben."

42. Fr. Wer hat ein gesetzliches Recht zu diesem Amte?

Ant. Niemand, außer den wirklichen Nachkommen Aarons. Lehre und Bündnisse 3, 8—32; 22, 2.

„Kein Mensch hat ein gesetzliches Recht zu diesem Amte, und die Schlüssel dieses Priesterthums zu führen, er sei denn ein gerader Abkömmling Aarons.... denn wenn er nicht ein buchstäblicher Nachkomme Aarons ist, so kann er nicht die Schlüssel jenes Priesterthums halten."

„Wenn sie wirkliche Nachkommen Aarons sind, so haben sie ein gesetzliches Recht zum Bisthum, wenn sie die erstgebornen Söhne unter den Söhnen Aarons sind; denn der Erstgeborne hält das Recht der Präsidentschaft über dieses Priesterthum, und die Schlüssel oder Autorität desselben. Niemand hat ein gesetzliches Recht zu diesem Amte, die Schlüssel dieses Priesterthums zu halten, er sei ein wirklicher Abkömmling und der Erstgeborene Aarons."

43. Fr. Durch wen muß ein wirklicher Nachkomme Aarons zum Bischofsamte geweiht werden?

Ant. Durch die Präsidentschaft des melchisedekischen Priesterthums. Lehre und Bündnisse 22, 2.

„Und ein wirklicher Nachkomme Aarons muß auch bezeichnet werden durch diese Präsidentschaft und würdig erfunden, gesalbt und ordinirt werden unter den Händen dieser Präsidentschaft, sonst sind sie nicht gesetzlich bevollmächtigt in ihrem Priesterthume zu wirken; doch kraft des Dekrets, welches Bezug hat auf ihr Recht zum Priesterthume durch Uebertragen desselben vom Vater auf den Sohn, können sie ihr Recht zur Salbung beanspruchen, wenn sie zu irgend einer Zeit im Stande sind, ihre Abstammung zu beweisen oder es ausfinden durch Offenbarung vom Herrn, unter den Händen der obgenannten Priesterschaft."

44. Fr. Von wem wird das Amt eines Bischofs bekleidet, wenn kein wirklicher Nachkomme Aarons gefunden werden kann?

Ant. Ein Hohepriester von dem melchisedekischen Priesterthum kann, da er Vollmacht besitzt, in den Aemtern des niederern Priesterthums dienen, die Stelle eines Bischofs versehen; er muß aber dazu von der Präsidentschaft des melchisedekischen Priesterthums geweiht und bestimmt werden. Lehre und Bündnisse 3, 8.

„Aber da ein Hohepriester, nach der Ordnung Melchisedeks, das Recht hat, alle geringeren Aemter zu verwalten, mag er auch das Amt eines Bischofs versehen, wenn kein direkter Nachkomme Aarons gefunden werden kann, vorausgesetzt, daß er unter den Händen der Präsidentschaft des Priesterthums Melchisedeks zu dieser Vollmacht berufen, abgeordnet und ordinirt wird."

45. Fr. Welcher Unterschied besteht zwischen der Autorität eines Bischofs vom Hohepriesterthum und derjenigen eines Bischofs, welcher ein wirklicher Nachkomme Aarons ist?

Ant. Ein Bischof vom Hohepriesterthum kann in eines Bischofs Amt funktioniren, insofern er Räthe zu seiner Unterstützung hat; ein Bischof aber, der ein wirklicher Nachkomme Aarons ist, kann selbstständig, ohne Räthe, handeln, ausgenommen im Gerichte über einen Präsidenten vom Hohepriesterthum Melchisedeks. Lehre und Bündnisse 3, 32—34.

„Nichtsdestoweniger kann ein Hohepriester, nach der Ordnung Melchisedeks, zur Verwaltung von zeitlichen Dingen eingesetzt werden, der eine Kenntniß von ihnen durch den Geist der Wahrheit erlangt hat und auch ein Richter in Israel sein soll, die Geschäfte der Kirche zu besorgen, im Gericht zu sitzen gegen Uebertreter, und nach dem Zeugnisse, das den Gesetzen gemäß, vor ihn gelegt werden wird, mit dem Beistande seiner Räthe, welche er erwählt hat oder aus den Aeltesten der Kirche erwählen wird, zu urtheilen. Dies ist die Pflicht eines Bischofs, welcher nicht ein buchstäblicher Nachkomme Aarons, jedoch zum Hohepriesterthum, nach der Ordnung Melchisedeks ordinirt worden ist .... Doch ein buchstäblicher Abkömmling Aarons hat ein gesetzliches Recht zu der Präsidentschaft dieses Priesterthums, zu den Schlüsseln desselben, und in dem Amte eines Bischofs und Richters in Israel zu handeln, unabhängig, ohne Räthe, außer in dem Falle, wenn ein Präsident des Hohepriesterthums, nach der Ordnung Melchisedeks, vor Gericht gebracht wird."

46. Fr. Wer präsidirt gegenwärtig über das aaronische Priesterthum in der Kirche?

Ant. W. B. Preston ist gegenwärtig der präsidirende Bischof der Kirche.

Achtzehntes Kapitel.
Dispensation der Fülle der Zeiten.

1. Fr. Was haben wir unter einer Dispensation, das Werk Gottes betreffend, zu verstehen?

Ant. Das Oeffnen der Himmel den Menschen; die Ertheilung des heiligen Priesterthums mit allen seinen Gewalten und Rechten an die Menschen; und die Organisation und Herstellung der Kirche Christi auf Erden, zur Errettung aller derjenigen, welche dem Evangelium Gehorsam leisten wollen.

2. Fr. Sind den Menschen seit ihrem Falle viele Dispensationen gegeben worden?

Ant. Ja, sehr viele.

3. Fr. Nenne einige der wichtigsten.

Ant. Eine wurde eröffnet durch Adam, der seine Nachkommen segnete und ihnen sagte, was über sie kommen werde bis hinaus in die letzte Generation; eine durch Enoch, welcher mit seinem Volke versetzt wurde, ohne den Tod zu sehen; eine durch Noah, der mit seiner Familie in der Arche errettet wurde, währenddem alles Uebrige ertrank; eine durch Jared's Bruder, da er und seine Freunde von dem Thurme zu Babel nach Amerika geführt wurden; eine durch Abraham, indem Gott ihm und seinen Nachkommen das Land Canaan als ein ewiges Erbe verhieß; eine durch Jakob, den Vater der zwölf Stämme Israels; eine durch Moses, welcher die Kinder Israels vom Lande Egypten nach dem Lande Canaan führte; eine durch Lehi, da er mit seiner Familie von Jerusalem nach Amerika überging; eine durch Jesus Christus, als Er in Asien und Amerika Seine Kirche aufrichtete und zu Jerusalem gekreuzigt wurde; und endlich eine durch Joseph Smith in diesen letzten Tagen.

4. Fr. Welches ist die größte Dispensation?

Ant. Die Dispensation der Fülle der Zeiten, eröffnet durch Joseph Smith.

5. Fr. Warum wird dieselbe die Dispensation der Fülle der Zeiten genannt?

Ant. Darum, weil sie die letzte Dispensation Gottes an die Menschen ist, in welcher die Fülle der Wahrheit zur Errettung und Erhöhung des menschlichen Geschlechtes geoffenbaret wird.

6. Fr. Wann und wie begann diese Dispensation?

Ant. Um das Jahr 1820, weil Joseph Smith, der dazumal zu Manchester, Grafschaft Ontario, im Staate New=York, wohnte, zum Herrn betete, daß Er ihn die wahre Religion lehre; eine Vision der Himmel öffnete sich vor ihm und zwei glorreiche Personen kamen zu ihm hernieder, von welchen Eine, auf die Andere zeigend, sprach: „Dieses ist mein geliebter Sohn, höre ihn!"

7. Fr. Wer waren diese zwei Personen?

Ant. Gott, der Vater, und Sein Sohn, Jesus Christus.

8. Fr. Welche Belehrungen erhielt Joseph Smith zu dieser Zeit?

Ant. Es wurde ihm gesagt, daß alle religiösen Gesellschaften auf Erden unrichtige Lehren verkünden, und daß er sich keiner derselben anschließen solle.

9. Fr. Empfing er weitere Offenbarungen von Gott?

Ant. Ja. In der Nacht vom 21. September 1823 erschien ihm der Engel Moroni drei Mal, gab ihm viele Belehrungen und sag'e ihm, daß Gott ein Werk zu thun hätte für ihn, weshalb sein Name gescholten und gepriesen werden würde unter allen Völkern; ferner, daß eine Urkunde auf Goldplatten niedergeschrieben, welche über die Ureinwohner Amerika's und Gottes Handlungen mit denselben Aufschluß gebe, an einem besonderen Orte in der Erde aufbewahrt liege; und bei dieser Urkunde befänden sich zwei in silbernen Bogen eingefaßte Steine, welche von den Alten Urim und Thummim genannt wurden, und vermittelst derer Gott seinem Volke verborgene Kenntnisse offenbarte.

10. Fr. Wurden Joseph Smith weitere Offenbarungen zu Theil?

Ant. Ja, während er des andern Tages auf dem Felde war, erschien ihm der Engel wieder und gebot ihm, das Gesicht, welches er hatte und die Gebote, welche er empfangen, seinem Vater bekannt zu machen.

11. Fr. That Joseph Smith dieses?

Ant. Ja, und sein Vater sagte ihm, zu thun, wie der Engel ihm geboten habe, denn die Sache wäre von Gott. Darauf ging Joseph an den Ort, da die betreffenden Platten lagen und fand dieselben in einem steinernen Kasten, verborgen in einem Hügel, den die Nephiten Cumorah hießen. Er hob den Stein, sah die Platten, den Urim und Thummim, die Brustplatte und versuchte, dieselben heraus zu nehmen, als der Engel ihm wieder erschien und sagte, daß die Zeit noch nicht gekommen wäre, sondern erst nach vier Jahren würde der zu obigem Werke gekommene Augenblick da sein. Der Engel sagte Joseph, daß er alljährlich ein Mal an diesen Ort kommen solle, bis zur bestimmten Zeit, wo er dann mit ihm zusammentreffen werde. Joseph Smith that dieses und erhielt jedes Mal wieder weitere Instruktionen.

12. Fr. Was geschah nach Vollendung der vier Jahre?

Ant. Am 22. September 1827 gab der Engel dem Joseph Smith die Platten, den Urim und Thummim und die Brustplatte in die Hände mit der Mahnung, dieselben gut aufzubewahren. Die Platten waren nahezu acht Zoll lang, sieben Zoll breit und ein wenig dünner als gewöhnliches Blech; sie waren mit drei Ringen zusammen gehalten, welche durch die in den Platten befindlichen Löcher gingen. Alle Platten zusammen waren etwa sechs Zoll dick und auf beiden Seiten in Hieroglyphenschrift sehr sauber gravirt. Diese Schrift war in der damals unbekannten, sogenannten verbesserten egyptischen Sprache geschrieben.

13. Fr. Was that Joseph Smith mit diesen Platten?

Ant. Durch die Macht Gottes und mit Hülfe des Urim und Thummim übersetzte er dieselben, hatte aber während dieser Zeit viele Verfolgungen zu erdulden, und zwar von religiösen Leuten, welche ihn als einen Betrüger schalten.

14. Fr. Sahen außer ihm noch irgend andere Personen die Platten?

Ant. Ja. Der Herr zeigte dieselben durch einen himmlischen Boten dreien Zeugen, und Joseph Smith, einem Befehl zufolge, zeigte sie acht Zeugen. Die Uebersetzung wurde im Jahre 1830

gedruckt und besteht unter dem Namen „Das Buch Mormon".
Das Zeugniß obiger eilf Zeugen wurde dem Buche Mormon beigefügt und lautet:

Die Aussage dreier Zeugen: „„Allen Völkern, Geschlechtern, Sprachen und Leuten, zu denen dieses Werk gelangen wird, sei es kund gemacht, daß wir durch die Gnade Gottes, des Vaters, und unseres Herrn Jesu Christi, die Tafeln gesehen haben, welche diese Urkunden enthalten, welches die Urkunden des Volkes Nephi und auch ihrer Brüder, der Lamaniten, sind, wie auch des Volkes Jared, die von dem Thurm kamen, von welchem geredet worden: wir wissen auch, daß sie durch Gottes Gabe und Macht übersetzt sind, denn seine Stimme hat es uns erklärt, daher wissen wir mit Sicherheit, daß das Werk wahr ist. Wir bezeugen auch, daß wir die Gravirungen, welche auf den Platten sind, gesehen haben, und durch Gottes und nicht durch menschliche Macht sind sie uns gezeigt worden. Wir erklären mit aufrichtigen Worten, daß ein Engel Gottes vom Himmel herunter kam, der die Platten brachte, und sie vor unsern Augen niederlegte, so daß wir sie mit den Gravirungen darauf gesehen und betrachtet haben. Wir wissen, daß es geschah durch die Gnade Gottes, des Vaters, und unseres Herrn Jesu Christi, daß wir sahen, und legen Zeugniß ab, daß dieses Geschehene wahr ist; es ist wunderbar in unseren Augen, doch die Stimme des Herrn befahl uns, daß wir darüber zeugen sollten; um daher den Befehlen Gottes zu gehorchen, legen wir Zeugniß über diese Dinge ab. Wir wissen auch, wenn wir getreu in Christo sind, so werden wir unsere Gewänder von dem Blute aller Menschen rein waschen, und ohne Makel vor dem Richterstuhl Christi stehen, um ewig mit ihm in den Himmeln zu wohnen. Ehre sei dem Vater, und dem Sohne, und dem heiligen Geiste, welches ein Gott ist. Amen.""

Oliver Cowdery.
David Whitmer.
Martin Harris.

Die Aussage von acht Zeugen: „„Allen Völkern, Geschlechtern Sprachen und Leuten, zu denen dieses Werk gelangen wird, sei es kund gemacht, daß Joseph Smith, jun., der Uebersetzer dieses Werkes, uns die Platten gezeigt hat, von denen gesprochen worden, welche wie Gold aussahen; und so viele Platten, wie besagter Smith übersetzt, haben wir mit unsern Händen angefaßt, und auch die Gravirungen darauf gesehen, alle diese haben ein sehr alterthümliches Ansehen und waren sehr sonderbar gearbeitet. Und dieses bezeugen wir mit wahrhaftigen Worten, daß besagter Smith sie uns gezeigt hat, denn wir haben dieselben gesehen und angefaßt, und wissen mit Gewißheit, daß benannter Smith die Platten hat, von denen wir geredet haben. Wir geben der

Welt unsere Namen, um der Welt als Zeugniß zu dienen, von dem, was wir gesehen haben. Wir lügen nicht und rufen Gott zum Zeugen an.""

Christian Whitmer.   **Hiram Page.**
Jacob Whitmer.   **Joseph Smith,** sen.
Peter Whitmer, jun.   **Hyrum Smith.**
John Whitmer.   **Samuel H. Smith.**

15. Fr. Wurden die Gravirungen auf allen Platten übersetzt? Ant. Nein. Welche der Platten waren versiegelt und sollten nicht zu dieser Zeit übersetzt werden. Nachdem die Uebersetzung der unversiegelten Platten vollendet war, wurden beide, der unversiegelte und versiegelte Theil dieser Platten wieder dem Engel zur Verwahrung übergeben.

16. Fr. Ueber wie viele Völkerracen gibt das Buch Mormon Aufschluß?

Ant. Ueber zwei — die Jarediten, welche vom Thurmbau zu Babel kamen; ferner über zwei Kolonien, welche vor etwa 2400 Jahren oder 600 Jahren vor Christi Geburt Jerusalem verließen. Die Geschichten aller dieser Völker waren auf den Platten eingravirt und vor etwa 1400 Jahren in die Erde verborgen worden. Die nordamerikanischen Indianer sind Nachkommen derjenigen, welche von Jerusalem kamen.

17. Fr. Erhielt Joseph Smith die Gewalt, die Kirche Christi auf Erden zu organisiren und zu erbauen?

Ant. Ja. Am 15. Mai 1829, da Joseph Smith und Oliver Cowdery im Walde beteten, stieg ein himmlischer Bote, Johannes der Täufer, der Vorläufer Jesu, zu ihnen hernieder in einem hellen Lichte, legte seine Hände auf ihre Häupter, weihte sie dem aaronischen Priesterthum, und befahl ihnen, einer den andern zu taufen und wieder-zu-weihen. Dieses thaten sie sogleich. Joseph Smith taufte den Oliver Cowdery und dieser den Joseph Smith. Dann geschah die Wieder-Weihe Oliver Cowdery's durch Joseph Smith und die Wieder-Weihe Joseph Smith's durch Oliver Cowdery.

18. Fr. Empfing Joseph Smith das melchisedekische Priesterthum?

Ant. Ja, nachdem er das aaronische Priesterthum erhalten hatte, wurde er unter den Händen der Apostel unseres Herrn Jesu

Christi, Petrus, Jakobus und Johannes, welche die Schlüssel dieses Priesterthums hielten, zum melchisedekischen Priesterthum geweiht.

19. Fr. Wo und wann wurde die Kirche Jesu Christi durch Joseph Smith organisirt?

Ant. Dieselbe wurde organisirt zu Fayette, Seneca Grafschaft, im Staate New-York, am 6. April 1830, und bestand aus sechs Mitgliedern.

20. Fr. Vergrößerte sich dann die Kirche schnell?

Ant. Ja, viele Leute glaubten an das Evangelium und wurden der Kirche einverleibt, und die Heiligen erfreuten sich der Gaben des heiligen Geistes. Im Jahre 1831 wurde in der Grafschaft Geauga, jetzt Lake im Staate Ohio, eine Ansiedlung gemacht, und eine zweite in der Grafschaft Jackson im Staate Missouri. Am 3. August gleichen Jahres wurde zu Independence, Grafschaft Jackson, im Staate Missouri, der Platz zur Errichtung eines Tempels geweiht; und im Jahre 1833 wurden die Heiligen von diesem Orte vertrieben, worauf sie sich in den benachbarten Gegenden niederließen.

21. Fr. Und wie erging es den Heiligen, die sich von der Grafschaft Jackson in die benachbarten Orte geflüchtet hatten, und auch denen, welche im Staate Ohio wohnten?

Ant. Sie wurden sehr verfolgt, und endlich mußten sie auch im Jahre 1838 den Staat Ohio verlassen; im Winter desselben und des darauffolgenden Jahres wurden diejenigen Heiligen, welche noch in Missouri waren, durch grausame Pöbelhaufen vertrieben. Sie ließen sich dann am Mississippifluß nieder, wo sie eine schöne Stadt bauten, die sie Nauvoo hießen.

22. Fr. Haben die Heiligen dem Herrn Tempel erbaut?

Ant. Ja, sechs — einen in Kirtland, im Staate Ohio, wo sich bei dessen Einweihung in 1836 die Macht und Herrlichkeit Gottes auf merkwürdige Weise kundgab; einen andern Tempel bauten sie in Nauvoo, und wurde derselbe im Mai 1846 eingeweiht. Ein dritter in St. George, der den 1. Januar 1877 eingeweiht wurde; ein vierter in Logan wurde den 17. Mai 1884 eingeweiht; ein fünfter wurde in Manti gebaut und den 21. Mai 1888 eingeweiht, und voraussichtlich wird der sechste, der große Tempel in der Salzseestadt, den 6. April 1893 eingeweiht werden.

23. Fr. Welcher besondere Fall traf die Kirche in 1844?
Ant. Joseph und Hyrum Smith wurden im Gefängnisse zu Carthago am 27. Juni von bewaffneten Pöbelhaufen, welche die Gesichter geschwärzt hatten, ermordet; die Mörder aber wurden von den Behörden nie dafür zur Verantwortung gezogen oder bestraft.

24. Fr. Wurde Joseph je nach den Gesetzen des Landes verurtheilt?
Ant. Nein, obschon seine Feinde ihn in etwa fünfzig Prozesse verwickelten.

25. Fr. Auf wen fiel dann, nach Joseph Smiths Tode, die Verantwortlichkeit der Leitung der Kirche?
Ant. Auf das Kollegium der zwölf Apostel, mit Brigham Young als ihrem Präsidenten.

26. Fr. Hat Joseph Smith vor seinem Tode alle die Schlüssel und Gewalten des heiligen Priesterthums den zwölf Aposteln übertragen?
Ant. Ja, jede Gewalt, Vollmacht und alle die Schlüssel des heiligen Priesterthums, welche nothwendig waren, um die Menschen zu retten und sie in dem himmlischen Königreiche Gottes zu er=
höhen. Millenial Star, Vol. 10, pag. 115.

„Es ist nicht ein Schlüssel oder eine Gewalt zu geben in der Kirche, um das Volk durch die himmlische Pforte einzuführen, als welche ich euch gegeben, gezeigt und worüber ich mit euch geredet habe. Das Königreich ist aufgerichtet und ihr habet das vollkommene Muster vor euch und könnt nun gehen und das Königreich aufbauen und eingehen durch die himmlische Pforte und die euch folgen, mit euch nehmen."

27. Fr. Wie lange blieben die Heiligen in Nauvoo?
Ant. Bis im Jahre 1846, wo sie gezwungen waren, diesen Platz zu verlassen und in die Wildniß zu fliehen, um eine Heimat zu suchen. Im Juli 1847 begannen sie eine Ansiedlung im Thale am großen Salzsee, wo sie am 6. April 1853 den Eckstein eines andern Tempels legten. Dort und in den umliegenden Thälern haben die Heiligen bis auf diese Zeit in Glück und Gedeihen gewohnt.

28. Fr. Wo und wann wurden Präsident Brigham Young und seine beiden Räthe, Heber C. Kimball und Willard Richards öffentlich als Präsidentschaft der Kirche Jesu Christi der Heiligen der letzten Tage anerkannt?
Ant. An einer General=Konferenz, welche am 24. Dezember 1847 in Council Bluffs, in Potawatamie Grafschaft, im Staate Jowa, gehalten wurde.

29. Fr. Ist das Evangelium schon weit umher geprediget worden?
Ant. Es wurde den hervorragendsten Nationen der Erde gepredigt und wird es rasch vorangehen und allen Nationen, Völkern, Stämmen und allen Leuten verkündet werden, damit alle Bewohner der Erde ihre Sünden bereuen und den Gerichten Gottes, welche Er bald wird über die Gottlosen kommen lassen, entgehen mögen; und daß sie bestehen können, wenn der Herr Jesus Christus geoffenbaret werden wird von den Himmeln in flammendem Feuer, um die Ungehorsamen zu bestrafen, die Gehorsamen zu belohnen und in Friede und Gerechtigkeit auf Erden zu regieren.

30. Fr. Wird der Herr große Gerichte über die Gottlosen ergehen lassen?
Ant. Er wird sie mit Krieg und Hunger, mit Pestilenz und allerlei Plagen heimsuchen, bis sie vor seinem Angesichte gänzlich hinweggewischt sein werden.

31. Fr. Mit was werden die Gerechten sich während der Zeit der bestrafenden Heimsuchung der Gottlosen beschäftigen?
Ant. Diejenigen, welche dem Evangelium Folge leisten, sammeln sich auf dem Kontinente Amerika, wo sie das neue Jerusalem und andere Städte, sowie dem Herrn viele Tempel erbauen werden. Da sollen sie heilig werden und gedeihen, und heranwachsen zu einem mächtigen Volke, welches das Zion des Herrn genannt werden soll, dem er, der Herr, seine Kenntniß, Macht und Herrlichkeit, zum Erstaunen aller Völker auf Erden, offenbaren wird.

32. Fr. Wo soll das neue Jerusalem begonnen werden?
Ant. In der Grafschaft Jackson, im Staate Missouri, wo ein Tempel errichtet werden soll, und wurde der Grund, worauf dieser Tempel zu stehen kommen wird, schon im Jahre 1831 eingeweiht.

33. Fr. Warum sollen so viele Tempel errichtet werden?
Ant. Damit in denselben die Heiligen sich für jene Personen, welche ohne Erkenntniß des Evangeliums starben, taufen lassen können, und werden sie darin aller der Ordonnanzen und heiligen Handlungen warten, welche für sie selbst, sowie auch für ihre verstorbenen Freunde zur Erlangung der Seligkeit und Erhöhung im Reiche Gottes nothwendig sind.